KB266161

동아시아 언어문화연구소 어학총서 1

개정판

현대 일본어 문법

저자 권승림

제이앤씨
Publishing Company

　문법이라 하면 딱딱하고 복잡해서 어렵다는 인상을 받는 사람이 많을 것입니다. 그래서 가능하다면 피해 가고 싶어 하는 사람이 있을지도 모르겠습니다. 그러나 딱딱하고 복잡하다는 점에 대해서 관점을 달리해 보면, 문법은 골격이기 때문에 딱딱해야 합니다. 다른 말로 하면 견고하다고 할 수 있겠지요. 문법은 견고하지만 콘크리트 건물의 철근과 같은 경직된 딱딱함은 아닐 것입니다.

　언어를 몇 천 년 된 나무에 비유한다면 문법이란 나무의 근간과 큰 줄기와 그 줄기에서 뻗쳐 나간 가지에 비유할 수 있을 것 같습니다. 오래 묵은 나무의 줄기와 큰 가지는 견고하지만 유연함을 갖추고 있으며, 멈춰 있는 듯 보이지만 숨을 쉬고 있고, 외부에 대항하면서도 필요한 것을 받아 들이기도 하면서 변화해 가고 있기 때문입니다. 언어는 변화되는 것이고 그 언어 안에서의 약속인 문법 또한 변화해 가는 것입니다. 이러한 성질로 인해서 우리는 문법이 복잡하다고 느낄 수도 있겠지요.

　다른 한 편으로 문법이 복잡해 보이는 데는 실은 문법의 체계를 정확히 꿰뚫지 못한 문법서에서 비롯될 수도 있을 것이라 생각됩니다. 일본어라는 언어 안에 체계화된 문법을 명확히 분석해 내는 것은 연구자의 몫이고 분석된 문법을 알기 쉽게 학습자에게 제시해야하는 것 또한 연구자의 몫이라 생각합니다.

　이 책은 가능한 한 현대 일본어 문법의 최신 이론을 반영하려고 노력하였으며, 일본어 학습을 위한 문법서임과 동시에 일본어 문법론의 입문서적인 내용을 다루고 있습니다.

　우리가 사는 세상의 모든 사물은 경계선을 갖고 나누어져 있지만, 분단되어 있는 것이 아니라 연속적으로 존재하는 것입니다. 문법의 현상 또한 이 사실에 있어서 예외가 될 수 없겠지요. 다소 사소한 복잡함을 감내한다면 아름다운 대목(大木)의 진면목을 발견할 수 있을 것입니다. 일본어의 근간과 줄기를 먼저 발견하여 체계적인 일본어 습득의 토대를 다질 수 있기를 기원합니다.

　이번 개정판은 강의를 통하여 드러난 사소한 오류들을 수정하고, 보다 더 쉽게 전달될 수 있도록 설명 부분을 다듬거나 보완하고, 예문을 교체하는 작업이 주를 이루었습니다. 따라서 큰 틀과 내용은 초판과 크게 다를 바가 없음을 확인해 두고자 합니다.

저자 권승림

목 차

현대 일본어 문법

문법이란 무엇인가?

　말에는 일정한 규칙이 있다. 우리는 전달하려는 정보나 감정을 이 규칙에 따라 표현하고, 전달받는 사람도 이 규칙에 의거하여 이해하는 것이다. 이러한 말의 규칙을 문법이라고 말한다.

　말의 규칙은 사람의 두뇌에 준비되어 있다고 할 수 있으며, 이러한 언어의 규칙은 그 언어를 말하는 집단에 속하는 사람들의 두뇌에 존재한다고 할 수 있다. 즉 모국어인 경우에는 그 언어 환경에서 자연스럽게 습득되어 가는 것이다.

　그러나 외국어로서 언어를 습득할 때 그 말의 규칙 즉 문법은 자연스럽게 습득되는 것이라고 보기 어려우며 설사 가능하다고 하더라도 많은 시간이 소요된다. 보다 효율적으로 외국어를 습득하고자 한다면 그 언어의 골격이라고 할 수 있는 체계화된 문법을 습득하는 것이 우선 과제라고 할 수 있다. 체계화된 틀이 습득된 후 단계적으로 어휘를 늘리고, 다양한 문형을 습득해 나가는 단계적 학습이 바람직할 것이다.

현대 일본어 문법

문의 성분

커뮤니케이션 활동의 기본 단위는 문(文)이다. 문은 한 개의 단어로 이루어진 1어문(1語文)과 두 개 이상의 단어로 이루어진 다어문(多語文)으로 나뉜다. 하나의 문은 하나의 통합된 커뮤니케이션 상의 의미를 전달할 수 있다.

1. 1어문과 다어문

- **1어문**(1語文) : 문의 성분이 분화되지 않고 하나의 어휘로 이루어진 문장을 말한다.

あれ?	어라?
こんにちは。	안녕하세요?
火事た！	불이야!

- **다어문**(多語文) : 문법규칙에 따라 복수의 단어로 문이 구성되면 공간적・시간적으로 떨어져 있는 사태(事態)도 전달할 수 있다.

大通りで火事があった。	큰 길에서 불이 났다.
明日までは待ってあげる。	내일까지는 기다려 줄게.

2. 문의 성분

문은 하위 단위인 단어가 모여서 하나의 통합된 의미를 나타내게 된다.

> 桜の花が咲く。　　벚꽃이 핀다.
> ⇒　/桜/　/の/　/花/　/が/　/咲く/

위의 문은 3개의 실질개념을 나타내는 단어 「桜, 花, 咲く」와 2개의 문법적 의미를 나타내는 단어 「の, が」로 이루어져 있다고 볼 수 있다.

3. 문 성분의 종류

문은 주어부와 술어부로 나누어진다.

주어부	술어부
<u>先生</u>が	<u>日本語を教え</u>る。
선생님이	일본어를 가르친다.
<u>日本の高校生</u>が	<u>来</u>た。
일본 고교생이	왔다.
<u>遅れてきた学生</u>が	<u>三人</u>もいる。
늦게 온 학생이	3명이나 있다.

(1) 주어와 술어

　① **주어** : 술어가 나타내는 속성의 소유주로 핵심적 문 성분이다.

学生が図書館で勉強する。　　　학생이 도서관에서 공부한다.

ドアが開いている。　　　　　　문이 열려 있다.

② **술어** : 핵심적 문 성분으로 넓은 의미의 <속성(운동, 상태, 특성, 관계 등)>을 나타낸다.

学生がグラウンドを走る。　　(운동) 학생이 운동장을 달린다.

先生は日本語ができる。　　　(상태) 선생님은 일본어를 할 수 있다.

日本の夏は暑い。　　　　　　(특성) 일본 여름은 덥다.

あの人は叔父にあたる。　　　(관계) 저 사람은 삼촌이다.

(2) 보어

술어가 나타내는 사태의 성립에 필수적으로 필요한 "대상"과 같은 <직접보어>와, "수식어"나 "상황어"와 같이 간접적으로 관여하는 <간접보어>로 나뉜다.

太郎が　　ボールを　　遠くに　　投げた。
　　　　　직접보어　　간접보어

① **대상** : 술어가 나타내는 사태의 성립에 반드시 필요한 필수 성분이다.

② **상황어** : 사태를 둘러싸고 있는 외적상황 즉, 시간, 장소, 원인, 목적, 장면 등을 나타내는 임의적인 문 성분이다.

子供は9時に学校に行く。　　(시간) 아이는 9시에 학교에 간다.

子供は<u>部屋で</u>勉強している。　（장소) 아이는 방에서 공부하고 있다.

子供は<u>病気で</u>入院している。（원인) 아이는 병이나서 입원하고 있다.

(3) 수식어

① **연용수식어** : 용언을 수식하는 말로, 술어가 나타내는 속성의 내적 특징(모습, 정도, 양)을 보다 자세하게 표현한다.

先生が<u>ゆっくり</u>テキストを読む。　（모습)

　　　　　　　　　　　　　　　　　선생님이 천천히 교재를 읽는다.

花子は<u>時々</u>授業に遅れる。　　　　（정도)

　　　　　　　　　　　　　　　　　하나코는 가끔 수업에 늦는다.

② **연체수식어** : 체언을 수식하는 말로, 주어나 보어를 더 상세하게 표현한다.

<u>多くの</u>学生が座っている。　　　많은 학생이 앉아있다.

学生は<u>静かな</u>図書館を好む。　　학생은 조용한 도서관을 좋아한다.

(4) 독립어

문의 객관적 내용에 대한 화자의 태도를 나타내는 말이나, 다른 문과의 관계를 나타내는 말로 비교적 자립도 높은 문 성분이다.

<u>もしもし</u>、吉本さんいますか。

　여보세요, 요시모토씨 있습니까?

<u>あれ</u>、もう終わったんですか?

　어머, 벌써 끝난 겁니까?

そして、彼はこう言った。

그리고, 그는 이렇게 말했다.

あなたは留学生ですか? はい、そうです。

당신은 유학생입니까? 네, 그렇습니다.

4. 문의 분류

① 술어 종류에 의한 분류

- 동사문

  私は図書館に行った。　　나는 도서관에 갔다.

  庭に犬がいる。　　마당에 개가 있다.

- 형용사문

  昨日は寒かった。　　어제는 추웠다.

  私は体が丈夫だ。　　나는 몸이 튼튼하다.

- 명사문

  彼は英語の教師だ。　　그 사람은 영어교사다.

  春の花は桜が一番だ。　　봄꽃이라면 벗꽃이 최고다.

② 전달목적에 의한 분류

- 평서문(전달문)

  雨の日は出かけない。　　비 오는 날은 외출하지 않는다.

- 의문문(질문문)

  雪でも出かけますか。　　눈이 와도 외출합니까?

- 명령문

  早く答えなさい。　　　　　　빨리 대답하시오.

- 감탄문

  あ、うれしい。　　　　　　　아이, 좋아라.

- 원망문(願望文)

  明日は晴れてほしい。　　　　내일은 맑았으면 좋겠다.

- 청유문(呼びかけ文)

  ねえ、ちょっと。　　　　　　저기, 있잖아요.

③ 서술관계에 의한 분류

- 단문(単文) : 하나의 절(節)로 이루어진 문.

  犬は動物だ。개는 동물이다.

- 중문(重文) : 두 개 이상의 절로 이루어진 문.

  犬はすきで、猫はきらいだ。개는 좋아하고, 고양이는 싫어한다.

- 복문(複文) : 주절에 종속절이 포함되어 있는 문.

  おまえが行くなら、ぼくも行くよ。네가 가면, 나도 갈 거야.

명사

품사란 무엇인가?

단어는 문의 기본 재료이며, 어휘적 측면과 문법적 측면을 함께 갖고 있는 문의 기본 단위이다. 단어를 문법상의 기능에 의해 분류한 것을 품사(品詞)라 한다.

① **어휘적 측면**

고유한 의미를 갖고 있다.

② **문법적 측면**

다른 단어와 조합하여 특정한 의미역할을 담당한다.

桜の季節がやってきた。　　벚꽃 시즌이 찾아왔다.

③ **품사의 종류**

명사, 동사, 형용사, 부사, 지시사, 접속사, 조사, 감동사 등

명사란 무엇인가?

사물, 사람, 생명체, 장소, 동작, 추상적인 것 등의 구체적인 내용을 나타내는 품사를 명사(名詞)라 하며, 명사는 활용하지 않는 말이라는 의미에서 체언(体言)이라 한다.

명사는 조사가 뒤에 붙어서 주어나 보어가 되고 조동사「だ, です」가 뒤에 붙어 명사문을 만든다. 연체형식에 의해 수식되며 동사, 형용사 또는 다른 명사의 수식을 받는다.

<u>先生</u>が窓を開けた。	선생님이 창문을 열었다.
私は<u>大学生</u>です。	나는 대학생입니다.
コーヒーを飲む<u>人</u>。	커피를 마시는 사람.
かわいい<u>人</u>。	귀여운 사람.
キレイな<u>部屋</u>。	깨끗한 방.
<u>英語</u>の<u>先生</u>。	영어 선생님.

명사문의 활용

명사는 문의 주어나 보어(목적어)가 될 뿐만 아니라 조동사「だ, です」가 접속하여 술어가 된다. 명사문은 현재형과 과거형의 대립이 있으며 긍정과 부정으로 표현할 수 있고 중지형태로 표현할 수 있다.

명사	술어형	정중형 만들기	정중형
高校生	高校生だ	高校生＋です	高校生です

あの方は<u>担任の先生</u>です。　저 분은 담임선생님입니다.

姉は<u>会社員</u>です。　　　　언니(누나)는 회사원입니다.

姉は、<u>25歳で</u>、会社員です。　언니(누나)는 25살이고 회사원입니다.

家族は、<u>4人で</u>、いっしょに暮しています。

　가족은 4명이고 같이 살고 있습니다.

술어형	부정형 만들기	부정형	부정형의 정중형
社長だ	社長＋ではない	社長ではない	社長ではないです 社長ではありません

今日は<u>休みではありません</u>。　오늘은 휴일이 아닙니다.

今日は<u>休みではないです</u>。

昨日も<u>休みではありませんでした</u>。　어제도 휴일이 아니었습니다.

昨日も<u>休みではなかったです</u>。

술어형	조건형 만들기	조건형
社長だ (社長である)	社長＋であれば	社長であれば

<u>学生であれば</u>、まじめに勉強するべきだ。

학생이라면 착실히 공부해야 한다.

<u>行き先がインチョンであれば</u>、いっしょに行きましょう。

목적지가 인천이라면 같이 갑시다.

명사문은 단정과 비단정(추측, 추정)으로 표현될 수 있다.

① **단정표현**

妹は今年で<u>十四歳だ</u>。　　여동생은 올해 14살이다.

妹は<u>小学生</u>ではない。　　여동생은 초등학생이 아니다.

② **비단정표현**

- 추측표현

<u>弟は高校生だろう</u>。　　남동생은 고등학생이겠지.

姉は<u>学生じゃないでしょう</u>。 누나(언니)는 학생이 아니겠지요

- 추정표현

あの人は<u>先生のようだ</u>。　　저 사람은 선생님인 것 같다.

こどもが<u>泣きだしそうだ</u>。　　어린이가 울음을 터뜨릴 것 같다.

どうも<u>うそらしい</u>。　　아무래도 거짓말인 것 같다.

あの人は<u>先生だそうだ</u>。　　　저 사람은 선생님이라고 한다.

명사의 종류

　명사에는 보통명사, 고유명사, 대명사, 수량명사가 있다. 또한 「も
の・こと」 등의 형식명사가 있고 「雨雲(あまぐも)」와 같은 합성명사
가 있다.

1　보통명사

　보통명사에는 사람, 동식물, 자연, 물건 등의 구체적인 무엇인가를
가리키는 <구체명사>와 동작, 성질, 상태, 정신활동, 방향, 위치 등의
추상적인 개념을 나타내는 <추상명사>가 있다.

① **구체명사** : 机(つくえ), 水(みず), 駅(えき), 雲(くも)
② **추상명사** : 運動(うんどう), 心配(しんぱい), 南(みなみ),
　　　　　　　　　上(うえ)

2　고유명사

　사람이나 사물(국명, 상호 등)의 이름이나 지명을 나타내는 명사이다.

韓国, アメリカ, ソウル, パリ, 新宿, ハングル

   화자, 청자, 제3자인 사람을 가리키는 명사이다. 1인칭·2인칭·3인칭 대명사로 분류된다. 대명사에는 사람을 가리키는 인칭대명사 외에 지시대명사도 있으나 지시대명사는 [5장 지시사]에서 따로 살펴보기로 하자.

① **1인칭대명사** : わたし, わたくし, あたし, ぼく, おれ,
                 わたしたち, ぼくたち, われわれ
② **2인칭대명사** : あなた, きみ, おまえ,
                 あなたたち, きみたち, おまえたち
③ **3인칭대명사** : 彼女, 彼, 彼女ら, 彼ら

사람이나 사물 또는 동식물을 셀 때 사용되는 명사이다.

> 一, 二, 三, 四, 五, 六, 七, 八, 九, 十
>
> 一つ, 二つ, 三つ, 四つ, 五つ, 六つ, 七つ, 八つ, 九つ, 十

- 조수사

　사람 : 一人, 二人, 三人, 四人 ……

　개, 물고기, 곤충 : 一匹, 二匹, 三匹, 四匹 ……

　말, 소, 고래 : 一頭, 二頭, 三頭, 四頭 ……

　새 : 一羽, 二羽, 三羽, 四羽 ……

　연필, 병, 나무 : 一本, 二本, 三本, 四本 ……

종이, 옷 : 一枚, 二枚, 三枚, 四枚 ……

책, 노트 : 一冊, 二冊, 三冊, 四冊 ……

집 : 一軒, 二軒, 三軒, 四軒 ……

신발, 양말 : 一足, 二足, 三足, 四足 ……

반복 : 一回, 二回, 三回, 四回 ……

비율 : 一割, 二割, 三割, 四割 ……

순서 : 一番, 二番, 三番, 四番 ……

5 형식명사

명사 중에는 본래 갖고 있는 의미를 버리고 형식적으로 쓰이는 종류가 있다. 「もの・こと・わけ・ところ」 등이 형식명사로 쓰인다.

安くてもいい<u>もの</u>がある।　싼 물건이라도 좋은 것이 있다.
安いものはすぐこわれる<u>もの</u>だ。　싼 물건은 금방 고장나는 법이다.
一年間、様々な<u>こと</u>が起きた。　1년간 여러 가지 일이 일어났다.
一度も日本へ行った<u>こと</u>がない。　한 번도 일본에 간 적이 없다.
<u>わけ</u>のわからないことを言う。　영문을 알 수 없는 말을 한다.
弟がそんなことをする<u>わけ</u>がない。　동생이 그런 일을 할 리가 없다.
そんな<u>ところ</u>で何をしているんだ。　그런 곳에서 뭘 하고 있는 거니?
友だちを待っている<u>ところ</u>だ。　친구를 기다리고 있는 중이다.

　두 성분이 결합되어 하나의 단어가 된 것을 합성명사라 하며, 합성명사에는 <복합명사>와 <파생명사>가 있다.

① **복합명사** : 두 개의 단어가 합쳐져 명사가 된 것을 말한다.

> 湯飲み(찻잔),　背丈(키),　色々(여러가지)

② **파생명사** : 한 개의 단어와 한 개의 부속성분이 합쳐진 것을 말한다.

> ご親切(친절),　小鳥(작은 새),
> パン屋(빵집),　うれしさ(기쁨)

　두 요소가 합쳐져 합성명사가 될 때 음의 변화가 일어나는 경우가 있다.

- 명사와 명사가 변화 없이 앞뒤로 연결된 것

> 足音(あしおと)　　　발소리　　asi+oto ⇒ asioto
> 雪祭り(ゆきまつり)　눈축제　　yuki+maturi ⇒ yukimaturi

▪ 뒤에 붙는 명사의 첫 자음이 변하거나, 앞 명사의 모음이 변하는 것

木々(きぎ)	나무들	ki+ki ⇒ ki<u>g</u>i
犬小屋(いぬごや)	개집	inu+koya ⇒ inu<u>g</u>oya
雨足(あまあし)	빗발	ame+asi ⇒ am<u>a</u>asi
白雲(しらくも)	흰구름	siro+kumo ⇒ sir<u>a</u>kumo
木陰(こかげ)	나무그림자	ki+kage ⇒ k<u>o</u>kage
目蓋(まぶた)	눈꺼풀	me+huta ⇒ m<u>a</u><u>b</u>uta

1 명사의 역할

명사는 그 자체에 문 안에서의 역할이 정해져 있는 것이 아니고 명사 뒤에 붙는 격조사에 의해서 그 역할이 정해진다.

私が窓を開けます。　　　　　　　제가 창문을 열겠습니다.

私を見てください。　　　　　　　저를 봐 주세요.

첫 번째 1인칭 대명사 「わたし」는 「が」가 접속하여 문의 주어가 되고 두 번째는 「を」가 접속하여 목적어 즉 대상(対象)이 된다.

2 전성명사

다른 품사로부터 만들어지는 명사를 전성명사(転成名詞)라고 한다.

帰る ⇒ 帰り　귀가　　　考える ⇒ 考え　생각

白い ⇒ 白　　흰색　　　寒い ⇒ 寒さ　　추위

面白い ⇒ 面白さ, 面白み　　재미

今日は帰りが早い。　　　　　　　오늘은 귀가가 빠르다.

サッカーの<u>面白さ</u>を教えてください。　축구의 재미를 가르쳐 주세요
<u>面白み</u>のない人だ。　　　　　　　재미 없는 사람이다.

3　명사의 음 변화

명사의 음이 변하는 현상은 합성명사 외에서도 발견할 수 있다.

　桜の咲く頃(さくらのさく<u>ころ</u>)　　　この頃(この<u>ごろ</u>)
　食事に行く時(しょくじにいく<u>とき</u>)　食事時(しょくじ<u>どき</u>)

「頃」의 음은 원래「ころ」이나「このごろ」에서는 지시사인「この」
와 합쳐져「ころ」가 탁음화 된다. 이러한 음 변화는 한 단어로서의
인식이 강해질 때 일어난다고 볼 수 있다.

4　명사와 형용사의 근접성

명사로 쓰이기도 하고 형용사로 쓰이기도 하는 단어가 있다.

① 健康, 自由, 親切, 満足, 元気
　　- 문장에 따라 명사로도 ナ형용사로도 쓰이는 말

　健康が大切だ。　　　　　건강이 중요하다.
　健康な体になりたい。　　건강한 몸이 되고 싶다.
　小さな親切にすぎない。　작은 친절에 불과하다.

親切な人だ。　　　　　　　　친절한 사람이다.

② 別, 容易, わずか, さまざま, いろいろ
　　- 명사를 수식할 때 ～の형으로도 ～な형으로도 쓰이는 말

　別の方法があるだろう。　　다른 방법이 있을 것이다.
　別な方法を考えよう。　　　다른 방법을 생각해 보자.
　色々のことが問題だ。　　　여러가지가 문제이다.
　色々な問題を抱えている。　여러가지 문제를 안고 있다.

5　문말표현에 쓰이는 형식명사

형식명사는 조동사「だ」등과 결합하여 문말표현으로 쓰인다.

① 동사의 비과거형 ＋ ものだ
　　- 원리, 원칙을 나타낸다.

　子供は走り回るものだ。　아이는 (본래) 뛰어 돌아다니는 것이다.
　みかんは皮をむいて食べるものだ。굴은 껍질을 벗겨서 먹는 것이다.

② 동사의 과거형 ＋ ものだ
　　- '예전에는 그러곤 했다'라는 뜻을 나타낸다.

　小さい時はよく走ったものだ。　　어릴 때는 자주 달리곤 했다.
　昔はこの辺で泳いだものだ。옛날에는 이 근처에서 헤엄치곤 했다.

③ 〜わけだ

- '그런 것(연유)이다'라는 뜻을 나타낸다.

それで<u>遅れたわけですね</u>。　　그래서 늦게 왔군요.
だから、<u>何もしないわけです</u>。 그래서 아무것도 안하는 것입니다.

④ 〜わけではない

- '그런 것이 아니다'라는 뜻을 나타낸다.

みんなが<u>行くわけではありません</u>。　모두 가는 것이 아닙니다.
<u>そういうわけではないです</u>。　　　　그런 것이 아닙니다.

⑤ 〜わけにはいかない

- '그럴 수가 없다'라는 뜻을 나타낸다.

<u>許すわけにはいきません</u>。　　　　용서할 수가 없습니다.
自分で<u>言うわけにはいかない</u>だろう。 <u>스스</u>로 말할 수는 없지 않겠어.

⑥ 〜わけがない

- '그럴 리가 없다'라는 뜻을 나타낸다.

彼女が<u>しゃべるわけがない</u>。　　그녀가 말할 리가 없다.
彼に<u>分かるわけがない</u>。　　　　그 사람이 이해할 리가 없다.

연습문제

❶ 잘못된 설명을 찾아 바르게 고치세요.

1) 명사는 문의 종류에 따라 문 안에서의 역할이 변한다.

----

2) 전성명사는 품사 분류상 명사가 아니다.

----

3) 한자어로 된 명사는 형태의 변화 없이 동사로 쓰이기도 한다.

----

4) 동사는 명사로 파생할 수 있으나 형용사는 그렇지 않다.

----

❷ 다음 말이 명사인지 동사인지 생각해 봅시다.

1) へや　　　2) 行く　　　3) 帰り　　　4) メモ

5) 練習　　　6) パソコン　　7) うれしさ　　8) くろ

❸ 다음 문에서 잘못된 곳을 찾아내고, 그 이유를 품사라는 관점에서 설명해 봅시다.

1) 友だちは日本に行くです。

----

2) 日本に行くだから、プレゼントを買ってくるよ。

   ----

3) 日本語先生はきびしいです。

   ----

4) 先生へ手紙が戻ってきた。

   ----

❹ 잘못 쓰인 수량명사를 찾아 바르게 고치세요.

   1) ノート, 一本　　　------------------------------

   2) えんぴつ, 一個　　------------------------------

   3) ズボン, 二足　　　------------------------------

   4) おとうと, 二つ　　------------------------------

   5) はと, 一匹　　　　------------------------------

   6) さかな, 三頭　　　------------------------------

현대 일본어 문법

형용사

형용사란 무엇인가?

사람이나 사물의 상태나 성질을 나타내는 말을 형용사(形容詞)라고 한다. 형태적으로는 어미가 「い」로 끝나는 い형용사와 명사에 연결될 때 「な」로 연결되는 な형용사의 두 종류가 있다.

その方が<u>いい</u>ですね。	그러는 것이 좋겠네요.
<u>美しい</u>お花ですね。	아름다운 꽃이네요.
とても<u>元気</u>です。	아주 건강합니다.
<u>親切</u>な人です。	친절한 사람입니다.

형용사의 활용

형용사는 형태적으로 い형용사와 な형용사로 나뉜다. い형용사의 사전형은 기본형과 일치하나, な형용사의 경우는 기본형은 「きれいだ」이고 사전형은 「きれい」가 된다는 점에 유의해야 한다.

い형용사	赤い aka‑i	あかい＋です aka‑i‑desu	赤いです
な형용사	静かだ sizuka‑da	しずか＋です sizuka‑desu	静かです

空が高い。　　　　　⇒　　空が高いです。

お寺が大きい。　　　⇒　　お寺が大きいです。

パンがおいしい。　　⇒　　パンがおいしいです。

建物が丈夫だ。　　　⇒　　建物が丈夫です。

① て형 만들기

い형용사	赤い aka‑i	あかく＋て aka‑ku‑te	赤くて
な형용사	静かだ sizuka‑da	しずか＋で sizuka‑de	静かで

このバナナは甘くて、美味しいです。　이 바나나는 달고 맛있습니다.

この建物は丈夫で、高いです。　이 건물은 견고하고 높습니다.

② て형의 용법

1) 나열

この部屋は広くて、明るいです。　이 방은 넓고 밝습니다.

この部屋はきれいで、静かです。　이 방은 깨끗하고 조용합니다.

2) 원인 · 이유

このりんごは<u>甘くて</u>、好きです。　이 사과는 달아서 좋아합니다.

このマンションは交通が<u>便利で</u>、いいです。

이 아파트는 교통이 편리해서 좋습니다.

| い형용사 | 赤い
aka‑i | あかく＋ない
aka‑ku‑nai | 赤くない |
| な형용사 | 静かだ
sizuka‑da | しずか＋ではない
sizuka‑de(wa)nai | 静かで(は)ない |

りんごは<u>青くないです</u>。赤いです。

사과는 파랗지 않습니다. 빨갛습니다.

この辺は<u>静かではないです</u>。にぎやかです。

이 부근은 조용하지 않습니다. 번화합니다.

| い형용사 | 赤い
aka‑i | あかけ＋れば
aka‑ke‑reba | 赤ければ |
| な형용사 | 静かだ
sizuka‑da | しずか＋であれば
sizuka‑deareba | 静かであれば |

<u>甘ければ</u>、大丈夫です。　　　　　달다면 괜찮습니다.

交通が<u>便利であれば</u>、いいのに。　교통이 편리하면 좋을텐데.

형용사는 형태적·의미적으로 다음과 같이 분류된다.

1 형태적 분류

형용사는 형태적으로는 종지형이 「い」인 い형용사와 연체형이 「な」인 な형용사로 구분되며, 이 두 형용사는 활용의 형태도 다르다. 또한 다른 형용사와 합쳐지거나 접두사, 접미사와 합쳐져 만들어진 합성형용사가 있다.

① **い형용사** : 대부분 고유어휘이며 그 수가 적다.

赤い	明るい	固い	冷たい	高い	美しい
悲しい	眠い	楽しい	暑い	痛い	かゆい
いい	悪い	甘い	辛い	美味しい	熱い

② **な형용사** : 한자어나 외래어에서 유래된 な형용사가 다수 있으며 계속 새로운 어휘가 만들어지고 있다.

素直だ	盛んだ	静かだ	りっぱだ	好きだ	危険だ
大事だ	元気だ	楽だ	有名だ	必要だ	
ユニークだ	ソフトだ	シンプルだ	デリケートだ		

③ **합성형용사** : 두 개 이상의 단어가 조합되어 만들어지거나 접두사나 접미사가 붙어 만들어진다.

甘酸っぱい　青白い　蒸し暑い　細長い　心細い
　　：甘い ＋ すっぱい ⇒ あまずっぱい
　　　こころ ＋ ほそい ⇒ こころぼそい

小難しい　小高い　か細い　分厚い
　　：こ(접두사) ＋ むずかしい ⇒ こむずかしい
　　　ぶ(접두사) ＋ あつい ⇒ ぶあつい

重たい　憎たらしい
　　：おもい ＋ たい(어미) ⇒ おもたい

2　의미적 분류

　형용사는 의미적으로 사람이나 사물의 속성적 특징을 나타내는 속성형용사와 사람의 감정이나 감각을 나타내는 감정·감각형용사로 나누어진다.

① **속성형용사** : 사람이나 사물의 성질이나 상태적 특징을 나타낸다.

赤い　　　青い　　　白い　　　黒い　　　黄色い
丸い　　　長い　　　細い　　　太い　　　四角い
多い/少ない　　　小さい/大きい　　　軽い/重い　　　高い/低い

にぎやかだ　　　親切だ　　　　　丈夫だ　　　　　頑固だ
きれいだ/汚い　静かだ/うるさい

② **감정·감각형용사** : 사람의 감각과 감정적 특징을 나타낸다.

悲しい　　うれしい　　寂しい　　怖い　　痛い　　眠い

好きだ　　嫌いだ　　迷惑だ　　心配だ　　苦手だ

「寒い, 寂しい」와 같은 형용사는 보통 감정·감각형용사로 쓰이지만, 문맥에 따라 속성형용사로도 쓰인다.

- 감정·감각형용사
　　今日はとても<u>寒い</u>。　　　　　오늘은 매우 춥다.
　　子供がいなくて、<u>寂しい</u>。　　아이가 없어서 쓸쓸하다.

- 속성형용사
　　ソウルの冬は<u>寒い</u>。　　　　　서울의 겨울은 춥다.
　　この町も<u>寂し</u>くなった。　　　이 동네도 한산해 졌다.

1 형용사의 인칭 제한

속성형용사는 어떠한 사물이나 사람의 성질이라는 객관적 상태를 나타내기 때문에 주어의 인칭에 제한이 없지만, 감정 혹은 감각은 사람의 주관적 상태를 나타내기 때문에 감정·감각형용사는 1인칭 주어만을 취한다. 의문문의 경우 2인칭 주어를 취한다.

あの子は元気だ。	그 아이는 건강하다.
その本は面白いよ。	그 책은 재미있어.
(私は)とてもうれしい。	굉장히 기뻐.
(あなたは)楽しいですか。	재미있어요?
花子はうれしい。(×)	
太郎は痛い。(×)	

2 형용사의 동사화

객관적 형용사인 「赤い、四角い」와 같은 속성형용사는 인칭 제한이 없으므로 3인칭 주어의 속성을 나타내기 위해서 동사를 만들 필요가 없다.

私は背が<u>高い</u>。　　　　　　나는 키가 크다.

田村さんは目が<u>大きい</u>。　　타무라 씨는 눈이 크다.

　주관적 형용사인 감정형용사는 3인칭 주어를 취하지 못하므로 제3
자의 감각과 감정적 상태를 나타내기 위해서는 형용사를 동사로 만
들 필요가 있다.

<u>私</u>は彼の親切が<u>うれしい</u>。　　나는 그의 친절이 기쁘다.

<u>彼</u>は<u>うれしい</u>。(×)

<u>彼</u>は水が<u>飲みたい</u>。(×)

① 　～**がる**형 동사화

怖い　　（무섭다）　　⇒　こわがる　　　（무서워 하다）

悲しい（슬프다）　　⇒　かなしがる　　（슬퍼하다）

懐しい（그립다）　　⇒　なつかしがる（그리워 하다）

寒い　　（춥다）　　⇒　さむがる　　　（추워하다）

ほしい（갖고 싶다）⇒　ほしがる　　　（갖고 싶어 하다）

～たい（～하고 싶다）⇒　～たがる　　（～하고 싶어 하다）

<u>彼女</u>はとても<u>こわがって</u>いる。　　그녀는 굉장히 무서워하고 있다.

<u>彼</u>は水を<u>飲みたがって</u>いる。　　그는 물을 마시고 싶어 한다.

② 　～**む**형 동사화

悲しい（슬프다）　　⇒　かなしむ　　（슬퍼하다）

楽しい（즐겁다）　　⇒　たのしむ　　（즐기다）

懐しい (그립다)　　⇒　なつかしむ (그리워하다)

痛い　 (아프다)　　⇒　いたむ　　 (아프다)

苦しい (괴롭다)　　⇒　くるしむ　 (괴로워하다)

<u>彼女</u>は悲しんでいる。　　　　그녀는 슬퍼하고 있다.

<u>彼</u>は苦しんでいる。　　　　　그는 괴로워하고 있다.

３ 형용사와 명사의 접점

　な형용사의 사전형은 그대로 명사로 쓰이는 경우가 있다. 즉 な형용사와 명사의 두 범주에 속하는 어휘가 있다.

<u>健康</u>に気をつける。　　　　<u>健康</u>な体を作る。

건강에 유의한다.　　　　　건강한 몸을 만든다.

<u>自由</u>がほしい。　　　　　　<u>自由</u>な時間がほしい。

자유를 원한다.　　　　　　자유로운 시간을 원한다.

<u>貧乏</u>が<u>自慢</u>ではない。　　　<u>貧乏</u>な暮らしが<u>自慢</u>ではない。

가난이 자랑은 아니다.　　　가난한 생활이 자랑은 아니다.

い형용사의 경우에도 어미「い」를 없애면 명사가 되는 것이 있다.

赤い ⇒ あか (빨강)　　　　青い ⇒ あお (파랑)

丸い ⇒ まる (동그라미)　　四角い ⇒ 四角 (네모)

그 밖에 어미를 빼면 복합명사의 부분이 될 수 있는 것이 있다.

長い　⇒　　長雨(ながあめ)　　　　軽い　⇒　　軽石(かるいし)

　그러나 명사와 형용사는 품사가 다르기 때문에 명사를 수식하는 형식이 다르다.

健康な　体　　　　　　건강한 몸
健康の　こと　　　　　건강에 관한 것

4　형용사의 명사화

　형용사는 명사화되어 품사의 범주가 바뀔 수 있다. 형용사의 어간에 접미사 「さ」 또는 「み」가 붙어 만들어진다.

① ～さ

高い　　　⇒　　たかさ　　　(높이)
重い　　　⇒　　おもさ　　　(무게)
明るい　　⇒　　あかるさ　　(밝기)
太い　　　⇒　　ふとさ　　　(굵기)
面白い　　⇒　　おもしろさ　(재미)

高さを測る。　　　　　　　높이를 재다.
明るさを調節する。　　　　밝기를 조절하다.
面白さが増してきた。　　　재미가 더해졌다.

② ～**み**

重い	⇒	おもみ	(무게, 무게감, 중점)
面白い	⇒	おもしろみ	(재미)
深い	⇒	ふかみ	(깊이, 심오함)
強い	⇒	つよみ	(강점)
暖かい	⇒	あたたかみ	(따뜻함, 온기)

その点に<u>重み</u>をおいて考える。	그 점에 무게를 두고 생각하겠다.
<u>面白み</u>のない芝居だ。	재미가 없는 연극이다.
それが君の<u>強み</u>だ。	그것이 너의 강점이다.

5 　형용사의 나열순서

① 수량에 관련된 형용사 ⇒ 주관적 평가를 나타내는 형용사
　　⇒ 속성을 나타내는 형용사

様々な	悪い	新しい	犯罪
色々な	すばらしい	大きい	プラン
多くの	いやな	古い	慣習

② 속성형용사가 연속될 때는 어순이 자유롭다.

大きくて赤いりんご	크고 빨간 사과
赤くて大きいりんご	크고 빨간 사과

③ 긍정적 평가와 부정적 평가의 형용사를 연결할 때는 역접으로 연
　결해야 한다.

　　この料理は<u>美味しくて</u>安い。　　　이 요리는 맛있고 싸다.
　　この料理は<u>美味しくて</u>高い。　(×)
　　この料理は<u>美味しいが</u>、高い。(○) 이 요리는 맛있지만 비싸다.

　　この本は<u>むずかしいが</u>、面白い。　이 책은 어렵지만 재미있다.
　　この部屋は<u>安いが</u>、交通が不便だ。　이 집은 싸지만 교통이 불편하다.

❶ 잘못된 설명을 찾아 바르게 고치세요.

   1) 형용사는 활용하는 말로 한가지의 활용형태를 보인다.

       ----

   2) 형용사는 문 안에서 술어의 역할만 갖는다.

       ----

   3) 모든 な형용사는 사전형으로 명사가 될 수 있다.

       ----

   4) 형용사가 여러 개 연속될 때 그 순서가 자유롭다.

       ----

❷ 다음 말들 중 적당한 것을 조합하여 제시된 활용형으로 바꾸세요.

   [わたし　さびしい　とき　/　友達に電話する]

   1) 긍정·과거형

       ----

   2) 긍정·과거·정중형

       ----

   3) 추측표현

       ----

4) 권유형

----

❸ 잘못된 곳을 찾아 바르게 고치세요.

1) 高くて美味しいオレンジ

----

2) 交通が便利で高いマンション

----

3) 多いやさしい人々

----

4) 赤い好きな服

----

❹ 일본어다운 문장으로 작문하세요.

1) 요시카와 씨는 명랑하고 상냥한 키가 큰 아가씨입니다.

----

2) 이 마을은 젊은 사람이 줄어서 한산해졌다.

----

3) 많은 우수한 젊은 인재가 해외로 나간다.

----

4) 일은 즐기는 것이 중요하다.

부사

부사란 무엇인가?

부사(副詞)란 동사를 수식하여 움직임이나 상태의 모습이나 정도를 더 상세히 설명하는 말이다. 또한 형용사를 수식하여 사람이나 사물의 성질이나 상태의 정도를 상세히 설명한다. 용언인 동사와 형용사를 수식하는 말이므로 연용수식어(連用修飾語)이다.

妹はごはんを<u>ゆっくり</u>食べた。
　여동생은 밥을 천천히 먹었다.
妹はごはんを<u>少し</u>食べた。
　여동생은 밥을 조금 먹었다.
涼しい風が<u>そよそよ</u>吹いている。
　시원한 바람이 산들산들 불고 있다.
色んな花が<u>いっぱい</u>咲いている。
　여러 가지 꽃이 가득 피어 있다.

부사의 종류

1 양태부사

동작이나 상태의 모습을 한정한다. 「と」가 붙어서 쓰이기도 한다.
「すぐ, ゆっくり, どんどん, のろのろ, ざあざあ, がたごと, ぶらぶ
ら, しとしと」 등이 있다.

すぐ用意します。	바로 준비하겠습니다.
ぶらぶら散歩する。	어슬렁어슬렁 산보한다.
雨がざあざあ降る。	비가 쏴쏴 내린다.
のろのろと歩く。	느릿느릿 걷는다.

2 정도부사

동작이나 상태의 정도를 한정한다.
「すこし, たくさん, ちょっと, だいぶ, じゅうぶん, しばらく, だい
たい, もっと」 등이 있다.

すこしまけてください。	조금 깎아 주세요.
だいぶ遅れましたね。	꽤 늦었네요
だいたい分かりました。	대충 알겠습니다.

부사는 명사를 수식할 때 「の」나 「した」와 같은 말이 필요한데,
위치, 방향, 거리, 시간, 수량을 나타내는 명사의 경우에는 바로 붙을
수 있다.

ずっと前から知っています。　　휠씬 전부터 알고 있습니다.

もっと上にかけてください。　　좀 더 위에 걸어 주세요.

わずか三つしか残っていません。　겨우 세 개밖에 남아 있지 않습니다.

부사는 다른 부사를 수식하기도 한다.

もっとゆっくり考えてください。　좀 더 천천히 생각해 주세요.

充分じっくり考えました。　　　충분히 깊이 생각했습니다.

3　시간부사

술어가 나타내는 사태를 시간적으로 한정한다.

「まもなく, やがて, かつて, いずれ, いつか, ちょうど, もう, まだ」
등이 있다.

雨はいずれやむだろう。　　비는 언젠가 그치겠지.

またいつか会おう。　　　　언젠가 또 만나자.

ちょうどドアが開いた。　　마침 문이 열렸다.

まだ食べていない。　　　　아직 안 먹었다.

4　진술부사

화자의 심적 태도를 나타내며 추량, 비유, 부정, 의문, 희망 등을
나타내는 특정 술어와 호응한다.「たぶん, おそらく, まさか, けっし
て, 全然, まるで, どうして, どうぞ, ぜひ」 등이 있다.

たぶん彼は来るだろう。　　　　ア마 그 남자는 오겠지.

まさか忘れはしないだろう。　　설마 잊지는 않겠지.

まるで人形のようだ。　　　　　마치 인형과 같다.

けっしてうそはつきません。　　결코 거짓말은 안 합니다.

どうして待てないのか。　　　　어째서 못 기다리는 것인가.

どうぞ許してください。　　　　부디 용서해 주세요.

ぜひ頑張ってほしい。　　　　　꼭 힘내기를 바란다.

5　평가부사

　화자의 판단을 나타내는 부사로 다른 부사와 달리 문 전체를 수식한다는 특징이 있으며, 「すなわち, 幸い, あいにく, むしろ, まして, せめて」 등이 있다.

すなわち今日は来ないということだ。　즉 오늘은 오지 않는다는 것이다.

幸い晴れるそうだ。　　　　　　다행히 날이 갠다고 한다.

あいにく雨のようだ。　　　　　공교롭게도 비가 오는 것 같다.

むしろ来ない方がましだ。　　　오히려 안 오는 편이 낫다.

せめて話さないでほしい。　　　적어도 말하지 않았으면 한다.

부사가 체언을 수식할 때

　부사는 용언을 수식하는 연용수식어이지만 특정한 형태와 결합하여 체언을 수식하기도 한다.

たくさんの雨が降ってきた。

　많은 비가 내렸다.

だいたいの学生は勉強熱心である。

　대부분의 학생은 열심히 공부한다.

ちょっとしたことで、喧嘩になることがある。

　하찮은 일로 싸움이 날 때가 있다.

このケーキはさっぱりした味です。

　이 케이크는 산뜻한 맛입니다.

1 부사적 용법

술어가 나타내는 동작이나 상태 등을 더 세밀하게 묘사하는 말은 다른 품사에서 만들어지는 경우도 많으며, 이를 부사적 용법이라 한다.

① **명사의 부사적 용법** : 조사 「に」가 붙어서 부사적으로 쓰인다.

りんごを<u>二つに</u>割る。	사과를 둘로 쪼개다.
食パンを<u>四角に</u>切る。	식빵을 네모낳게 자르다.
かべを<u>白に</u>ぬる。	벽을 하얗게 칠하다.

② **동사의 부사적 용법** : 동사의 て형으로 부사적 의미를 나타낸다.

知らせを聞いて<u>飛んで</u>帰った。	소식을 듣고 급히 서둘러 돌아왔다.
<u>急いで</u>仕事を片付けた。	서둘러 일을 마무리 지었다.
<u>歩いて</u>会社まで行った。	걸어서 회사까지 갔다.

③ **형용사의 부사적 용법** : い형용사는 어미 「い」를 「く」로 바꾸어 부사적 의미로 쓰인다. な형용사의 경우에는 사전형에 「に」가 접속하여 부사적 의미로 쓰인다.

<u>早く</u>起きてください。	빨리 일어나세요.

よく<u>頑張り</u>ましたね。　　　　잘 견뎠네요.

部屋を<u>綺麗</u>に掃除した。　　　방을 깨끗이 청소했다.

2 의성어와 의태어

의성어와 의태어도 양태부사의 한 종류이다.

犬が<u>ワンワン</u>ほえる。　　　　개가 멍멍 짖는다.

雨が<u>しとしと</u>(と)降る。　　　비가 추적추적 내린다.

胸が<u>どきどき</u>する。　　　　　가슴이 두근두근 한다.

星が<u>きらきら</u>(と)光っている。　별이 반짝반짝 빛나고 있다.

英語が<u>ぺらぺら</u>しゃべれる。　영어를 술술 말할 수 있다.

　탁음과 청음은 다른 느낌을 전달한다. 의성어의 경우 탁음은 크고 굵은 소리를 나타내고, 청음은 맑고 경쾌한 소리를 나타낸다. 의태어의 경우 탁음은 무거운 움직임이나 부정적인 평가의 느낌을 전달하고, 청음은 가볍고 경쾌한 느낌이나 긍정적인 평가의 느낌을 전달한다.

ドアを<u>どんどん</u>(と)たたく。　문을 쿵쿵 두드린다.

ドアを<u>とんとん</u>(と)たたく。　문을 콩콩 두드린다.

目が<u>きらきらと</u>輝いた。　　　눈이 반짝 빛났다.

目が<u>ぎらっと</u>光った。　　　　눈이 번득였다.

髪の毛が<u>さらさら</u>だ。　　　　머릿결이 찰랑찰랑하다.

肌が<u>ざらざら</u>している。　　　　　　피부가 거칠거칠하다.

こどもが<u>ぺらぺら</u>しゃべりだした。　아이가 술술 말하기 시작했다.

要らないことまで<u>べらべら</u>としゃべっている。

　　불필요한 것까지 술술 말했다.

3　부사의 기타 역할

　부사는 용언을 수식하거나 부속형식의 도움을 받아 체언을 수식한다.
어떤 부사는 조동사 「だ」가 접속하여 상태를 나타내는 술어가 된다.

<u>ゆっくりした</u>スピードで走る。　　　저속으로 달린다.

2時間歩くのが、<u>ぎりぎりだ</u>。　　　두 시간 걷는 것이 한계다.

<u>しばしばだが</u>、お茶を飲みに来る。　가끔이지만 차를 마시러 온다.

4　정도부사의 정도

「ぜんぜん, あまり, 少し, だいたい, とても」의 정도를 비교해 보자.

<u>ぜんぜん</u>好きではない。　　　전혀 좋아하지 않는다.

<u>あまり</u>好きではない。　　　별로 좋아하지 않는다.

<u>少し</u>好きだ。　　　조금 좋아한다.

<u>だいたい</u>好きだ。　　　거의 좋아한다.

<u>とても</u>好きだ。　　　굉장히 좋아한다.

　「ぜんぜん, あまり」는 부정의 술어형태를 취하고, 「少し, だいた
い, とても」는 아래로 갈수록 술어가 나타내는 상태의 정도가 높은
표현이다.

연습문제

❶ 잘못된 설명을 찾아 바르게 고치세요.

1) 부사는「ずっと前のことだ」와 같이 명사에 직접 연결되므로 연체수식어다.

    ----

2) 부사적 용법은 な형용사에서만 만들어진다.

    ----

3) 평가부사는 문말표현과 호응관계를 보인다.

    ----

4) 부사가 다른 부사를 수식할 수 없다.

    ----

❷ 다음 부사를 종류별로 분류해 봅시다.

> ひょっとして, わざわざ, いきなり, 少し, まるで, きっと,
> ゆっくり, もう, ずいぶん, かなり, さいわい, たとえば,
> たぶん, もっと, だいたい, すっかり, ひらひら, まもなく,
> ぶらぶら, ちょうど, まだ

1) 양태부사

----

2) 정도부사

----

3) 시간부사

----

4) 진술부사

----

5) 평가부사

----

❸ 잘못된 곳을 고치세요.

1) この道はゆっくりスピードで走った方がいい。

----

2) 猿はいきなりと木にのぼり始めた。

----

3) はっきりもっと見えるまで待ってみましょう。

----

4) 弟は必ず帰ってくるかも知れません。

----

❹ 일본어다운 문장으로 작문하세요.

1) 좀 더 편리한 곳으로 정합시다.

----

2) 그 아이는 조금도 울지 않았다.

----

3) 공교롭게도 주말에는 비가 온다고 한다.

----

4) 어머니가 입원하셨다는 연락을 받고 서둘러 귀국했다.

5장

지시사

지시사란 무엇인가?

　대화의 현장에서 어떠한 대상을 가리키거나 화제 속의 인물 또는 대상을 가리킬 때 구체적인 이름 대신 사용하는 말을 지시사(指示詞)라 한다. 화자의 영역과 청자의 영역 그리고 공통의 영역으로 나누어 지시한다. 「こ・そ・あ・ど」가 기본이 되고 여기에 여러 가지 형태가 붙어서 다양한 지시어가 만들어진다.

지시사의 종류

1　형태적 분류

① 명사 형식 (지시대명사)

　　これ / それ / あれ / どれ
　　ここ / そこ / あそこ / どこ
　　こちら / そちら / あちら / どちら

これは部屋のカギです。　　　　　이것은 방 열쇠입니다.

そこに置いてください。　　　　　거기에 두세요.

あちらの方はどなたですか。　　　저쪽 분은 누구십니까?

② 명사를 수식하는 연체형식

この / その / あの / どの

こんな / そんな / あんな / どんな

このような / そのような / あのような / どのような

こういう / そういう / ああいう / どういう

その傘はだれのですか。　　　　　그 우산은 누구 것입니까?

こんなところがありましたね。　　이런 곳이 있었군요.

あのようなりっぱな仕事ができるなんて。　그런 훌륭한 일을 하시다니.

どういうつもりですか。　　　　　어떻게 할 셈입니까?

③ 술어를 수식하는 연용형식

こう / そう / ああ / どう

こんなに / そんなに / あんなに / どんなに

このように / そのように / あのように / どのように

こんなふうに / そんなふうに / あんなふうに / どんなふうに

そう怒らずに話を聞いてください。

　그리 화내지 말고 얘기를 들어주세요.

あんなに悲しそうな母は初めてだった。

　그렇게 슬퍼하시는 어머니는 처음이었다.

<u>そのようにしておきます。</u>　　　　그렇게 해 두겠습니다.

<u>どんなふうに</u>知らせたらいいでしょうか。

　어떤 식으로 알리면 좋을까요?

　지시사에는 대화의 현장에서 어떤 대상을 가리키는 현장지시와 화제에 등장하는 대상을 가리키는 문맥지시가 있다.

① **현장지시** : 대화현장에서 특정 대상을 가리키는 것을 현장지시 용법이라 한다.

こ계열 : 화자영역에 있는 특정 대상을 가리킨다.
そ계열 : 청자영역에 있는 특정 대상을 가리킨다.
あ계열 : 화자와 청자로부터 멀리 있는 특정 대상을 가리킨다.

<u>この</u>傘は丈夫ですよ。　　　　이 우산은 튼튼합니다.
<u>その</u>カバン、すてきですね。　　그 가방 멋있네요.
<u>あの</u>店ですこし休みましょうか。　저 가게에서 좀 쉴까요?

② **문맥지시** : 화제의 특정 대상을 가리키는 것을 문맥지시라 한다.

こ계열 : 직전의 화제에 등장하거나 화제로 삼으려고 하는 대상을 가리킨다.

昨日こんなことがありました。　　　어제 이런 일이 있었습니다.

それは、ちょうど駅に着いたころのことです。

　그건 때마침 역에 도착했을 무렵이었습니다.

私はこう考えるのです。　　　　　　나는 이렇게 생각합니다.

やはり彼は言わないだろうと。　　　역시 그는 말하지 않을 거라고

そ계열 : 청자가 말한 내용을 받거나 화제에 나온 요소를 가리킬
　　　　　　때 사용된다. 앞으로 말할 내용을 지시하는 용법은 없다.

A : 彼から九州のおみやげをもらったんだ。

　　그 사람한테 규슈여행 선물을 받았거든.

B : それって、めんたいこだろう。

　　그 선물이란 게 명란젓이지?

あ계열 : 화자와 청자가 공통으로 알고 있는 요소를 가리킬 때
　　　　　　사용된다.

いっしょに行ったあの公園の散歩道を覚えていますか。

　같이 간 그 공원 산책길을 기억하세요?

A : 駅前に新しいラーメン屋ができましたね。美味しいでしょうか。

　　역 앞에 새로운 라면집이 생겼잖아요? 맛있을까요?

B : あそこなら、とても美味しかったですよ。

　　그 가게라면 굉장히 맛있었어요.

1 「そんなに」와 「あんなに」의 차이점

처음 듣는 사실이라면 「そんなに」를 써야하고 누군가가 「凄い」라는 사실을 잘 알고 있는 경우라면 「あんなに」를 써서 표현하면 된다.

そんなに凄いんですか？   그렇게 굉장합니까?

あんなに凄いとは思わなかった。

　　그렇게 굉장하다고는 생각하지 않았다.

2 「この」와 「こんな」의 차이점

전자의 경우는 뒤에 오는 명사를 한정하고 있는 반면 후자의 경우는 뒤에 오는 명사가 어떠한 형상, 상태를 하고 있는가 라고 하는 속성을 나타낸다.

A : どの靴がほしいですか。　　어느 구두를 원해요?

B : このくつがいいです。　　이 구두가 좋아요.

A : どんな靴がほしいですか。　　어떤 구두를 원해요?

B : こんなくつがいいです。　　이런 구두가 좋아요.

　한국어는 '이 빨간 셔츠'도 가능하고 '빨간 이 셔츠'로도 표현할 수 있으나, 일본어의 경우는 지시사가 형용사보다 선행한다고 하는 원칙이 지켜진 「この赤いシャツ」가 일본어 표현으로 적절하다.

　この赤いシャツ (○)
　赤いこのシャツ (×)

연습문제

❶ 질문에 답하세요.

1) この本はいくらですか。

____

2) その携帯は誰に買ってもらいましたか。

____

3) あそこのカーテンは何色ですか。

____

4) 宿題の問題は難しかったですか。

____

❷ 질문에 답하세요.

1) どの服が好きですか。

____

2) どんなことを学びたいですか。

____

3) 住んでいる町はどちらですか。

____

4) 誰といっしょにお昼を食べますか。

____

❸ 틀린 곳을 찾아내어 바르게 고치세요.

1) そちらは私の同級生のキムです。

----

2) 細いあの方はどなたですか。

----

3) 中野さんをご存じですか。
   いいえ、あの人は有名なんですか?

----

4) (いっしょに買い物中に)
   ねえ、そこのレストランで何か食べよう。

----

❹ 일본어다운 문장으로 작문하세요.

1) 그런 가게에는 다음부터 가지 않겠다.

----

2) 이렇게 빨리 끝날 줄은 몰랐습니다.

----

3) 이러한 사건이 계속 일어나는 것은 문제다.

----

4) 저 까만 정장이 제일 어울릴 것 같아요.

조사

조사란 무엇인가?

조사(助詞)는 명사 뒤에 붙어서 문 안에서의 명사의 역할을 표시해 주거나, 절(節)과 절 또는 문(文)과 문을 연결하는 역할을 하는 말이다.

조사의 종류

조사는 크게 격조사와 부조사(특립조사)로 나뉘고 그 밖에 접속조사와 종조사가 있다.

① **격조사**
② **특립조사**
③ **접속조사**
④ **종조사**

　　　メグミ<u>が</u>走ります。　　　　메구미가 달립니다.

　　　メグミ<u>も</u>走ります。　　　　메구미도 달립니다.

　　　走った<u>ので</u>、息が切れます。　달려서 숨이 찹니다.

　　　水が飲みたいです<u>ね</u>。　　　물이 마시고 싶네요.

1　격조사

　격조사(格助詞)는 명사에 붙어서 술어와의 관계를 표시해 주는 역할을 한다. 격조사에는 「が・を・に・で・の・へ・と・から・まで」 등이 있다.

① **が 격** : 명사의 「が」격은 동작의 주체인 <동작주>이거나, 감정이나 인식의 주체인 <경험자>이다. 또한 <상태의 주체>와 <상태의 대상>을 나타내기도 한다.

1) 동작주
　　<u>ツヨシ</u>がパンを食べる。　　츠요시가 빵을 먹는다.
　　<u>ツヨシ</u>がサッカーをする。　츠요시가 축구를 한다.

2) 경험자
　　<u>ツヨシ</u>がサッカーのことを考えている。
　　　츠요시가 축구생각을 하고 있다.
　　<u>ツヨシ</u>がパンをとられて怒っている。
　　　츠요시가 빵을 뺏겨서 화가 났다.

3) 상태의 주체

    <u>パン</u>が甘い。   빵이 달다.

    <u>空</u>が青い。   하늘이 파랗다.

4) 상태의 대상

    ツヨシは<u>サッカー</u>ができる。   츠요시는 축구를 할 수 있다.

    パンには<u>たまご</u>が要る。   빵을 만들려면 달걀이 필요하다.

② **を격** : 명사에 「を」가 붙으면 <동작의 대상>이나 <감정・인식의 대상>을 나타낸다. 또한 <통과역・출발점>을 나타내기도 하고, 사역문의 경우 <동작주>를 나타낸다.

1) 동작의 대상

    メグミが<u>ボール</u>を投げる。   메구미가 공을 던진다.

    メグミが<u>ジュース</u>を飲む。   메구미가 쥬스를 마신다.

2) 감정・인식의 대상

    私は<u>別れ</u>を<u>寂</u>しがっている。   나는 이별을 쓸쓸해하고 있다.

    私は<u>優勝</u>を嬉しく思う。   나는 우승을 기쁘게 생각한다.

3) 경과역

    メグミが<u>グラウンド</u>を走る。   메구미가 운동장을 달린다.

    メグミが<u>空</u>を飛ぶ。   메구미가 하늘을 난다.

    メグミが<u>橋</u>を渡る。   메구미가 다리를 건넌다.

4) 출발점

　　メグミが<u>家を</u>出る。　　　　　　메구미가 집을 나간다.

　　メグミが<u>高校を</u>卒業する。　　메구미가 고등학교를 졸업한다.

5) 동작주

　　<u>母が</u>メグミを走らせる。　　　엄마가 메구미를 달리게 한다.

　　<u>母が</u>メグミを買い物に行かせる。　엄마가 메구미를 장보러 보낸다.

③ **に격** : 명사에 「に」가 붙으면 <존재장소>나 <도착점>을 나타내고, <동작의 대상>이나 <이동동작의 목적>, <사태가 일어나는 시간>, <원인>을 나타내기도 한다. 또한 수동문이나 사역문에서는 <동작주>를 「に」격으로 나타내는 등, 다양한 의미역할을 수행한다.

1) 존재장소

　　<u>テーブルの上に</u>カビンがある。　테이블 위에 꽃병이 있다.

　　<u>大学には</u>図書館がある。　　　대학에는 도서관이 있다.

2) 도착점

　　タケシは<u>食堂に</u>行く。　　　　다케시는 식당에 간다.

　　タケシは<u>東京に</u>帰る。　　　　다케시는 도쿄에 돌아간다.

3) 동작의 대상

　　タケシは<u>母に</u>不平を言う。　　다케시는 엄마에게 불평을 한다.

　　タケシは<u>弟に</u>おこづかいをあげる。　다케시는 동생에게 용돈을 준다.

4) 이동 동작의 목적

タケシが<u>学食</u>へ<u>食事</u>に行く。　다케시가 학생식당에 식사하러 간다.

タケシがジムに<u>運動</u>に行く。　다케시가 헬스장에 운동하러 간다.

5) 사태가 일어나는 시간

<u>母</u>は<u>三時</u>に戻る。　어머니는 3시에 돌아온다.

<u>冬休み</u>にイタリアに行く。　겨울방학에 이탈리아에 간다.

6) 원인

タケシはチームの<u>優勝</u>に泣いた。　다케시는 팀 우승에 울었다.

いい<u>香り</u>に酔った。　좋은 향에 취했다.

7) 동작주

タケシは<u>先生</u>にほめられた。　다케시는 선생님께 칭찬받았다.

タケシは<u>妹</u>に宿題をやらせた。　다케시는 동생에게 숙제를 하게 했다.

④ **で격** : 명사에 「で」가 붙어서 <사태나 동작의 장소>를 나타내거나 <수단·도구>, <재료>를 나타낸다. 또한 <원인>이나 <범위>, <한도>를 나타내기도 한다.

1) 장소

<u>昨日ここで</u>食事をした。　어제 여기에서 식사를 했다.

<u>あの店で</u>コーヒーを飲んだ。　저 가게에서 커피를 마셨다.

2) 수단·도구

<u>ミキサーで</u>材料を混ぜる。　믹서로 재료를 섞는다.

　　バスで駅まで行った。　　　　　버스로 역까지 갔다.

3) 재료

　　このタンスは木で出来ている。　이 서랍장은 나무로 되어있다.

　　この服はシルクでつくる。　　　이 옷은 실크로 만든다.

4) 원인

　　雪で道路が混雑している。　　　눈으로 도로가 혼잡하다.

　　地震で新幹線が止(ま)った。　지진으로 신칸센이 멈췄다.

5) 범위

　　この学校では私服が禁じられている。

　　　이 학교에서는 사복이 금지되어 있다.

　　私の知るところではここは禁煙だ。

　　　내가 아는 한 이곳은 금연이다.

6) 한도

　　展示会は一週間で終わる。　　　전시회는 일주일로 끝난다.

　　100ウォンでは何も買えない。　100원으로는 아무것도 못 산다.

⑤ **の격** : <소속>을 나타내거나 <동격>을 나타낸다. <성질>을 나타낼 수도 있으며 수식절 안에서 <동작주>임을 나타내기도 한다. 용언에 「の」가 붙어서 체언으로 쓰이는 경우가 있는데 이를 <준체조사>라 한다.

1) 소속

　　広野さんは<u>この会社の</u>社員だ。　　히로노씨는 이 회사 사원이다.

　　はじめまして。<u>韓国の</u>ユンです。

　　　処음 뵙겠습니다. 한국에서 온 윤이라고 합니다.

2) 동격

　　こちらは<u>弟の</u>ひろしです。　　이 쪽은 동생인 히로시입니다.

　　<u>友達の</u>木村が来た。　　친구인 기무라가 왔다.

3) 성질

　　<u>うそつきの</u>子供を叱った。　　거짓말쟁이인 아이를 혼냈다.

　　<u>病気の</u>母に手紙を送った。　　아프신 어머니께 편지를 보냈다.

4) 동작주

　　<u>私の</u>作った料理が選ばれた。　　내가 만든 요리가 선택되었다.

　　<u>あなたの</u>投げたボールがこれだ。　　당신이 던진 공이 이것이다.

5) 준체조사

　　<u>新しいの</u>はどれですか。　　새 것은 어느 것입니까?

　　<u>高いの</u>は買わない。　　비싼 것은 사지 않는다.

⑥ **ヘ격** : <이동의 방향>을 나타낸다.

車は<u>南ヘ</u>向かっている。　　차는 남쪽으로 향하고 있다.

<u>図書館ヘ</u>行く。　　도서관에 간다.

⑦ **と격** : 상호의 움직임을 반드시 공유해야하는 <동작의 상대>를 나타내거나 상호의 움직임이 아니더라도 동일 동작의 상대를 나타낼 수 있다.

    ジャイアンツが<u>タイガズ</u>と戦う.　　타이거즈와 자이언츠가 싸운다.

    <u>母</u>と6時に約束している.　　엄마와 6시에 약속했다.

    <u>友達</u>と(いっしょに)映画を見た.　　친구와 영화를 보았다.

다음은 격조사가 아닌 병렬조사인 경우이다.

    <u>男</u>と女は違う.　　　　남자와 여자는 다르다.

    <u>バナナ</u>とりんごを買った.　　바나나와 사과를 샀다.

⑧ **から격** : <출발의 기점>과 <개시시점>을 나타내거나 <원인·근거>나 <원료>를 나타낸다.

1) 출발의 기점

    ただいま<u>学校</u>から戻りました.　　지금 학교에서 돌아왔습니다.

    <u>イタリア</u>から留学に来ました.　　이탈리아에서 유학 왔습니다.

2) 개시시점

    講義は<u>3時</u>からだ.　　강의는 3시부터이다.

    <u>冬休み</u>からアルバイトをしている.

        겨울방학부터 아르바이트를 하고 있다.

3) 원인・근거

<u>不用心から</u>事故が起こった。　　조심하지 않아서 사고가 났다.

<u>顔の表情から</u>彼の気持が分かった。

　　　　　　　얼굴표정을 보고 그의 기분을 이해할 수 있었다.

4) 원료

日本酒は<u>米から</u>作る。　　　청주는 쌀로 만든다.

バターは<u>牛乳から</u>作る。　　버터는 우유로 만든다.

⑨ **まで격** : <이동의 종결지점>을 나타내거나 <동작・사태의 종료 시점>을 나타낸다.

この電車は<u>東京駅まで</u>行く。　이 전철은 도쿄역까지 간다.

講義は9時から<u>12時まで</u>だ。　강의는 9시부터 12시까지이다.

2　　**특립조사**

　특립조사(「取り立て助詞」)와 격조사는 문에서의 기능이 전혀 다르다. 특립조사는 동일한 종류의 사태를 배경으로 어떠한 사태를 두드러지게 드러내는 기능을 하는 조사를 말한다. 또한 격조사와는 달리 명사 이외에도 붙을 수 있다. 격조사에 붙을 경우「がは, をは」는 격조사를 생략하고「は」또는「も」로만 표시한다.「は, も, さえ, すら, まで, だけ, しか, こそ」등이 특립조사에 속한다.

<u>私</u>は行かない。	나는 가지 않는다.
<u>牛乳</u>は飲まない。	우유는 마시지 않는다.
<u>銀行</u>には行かない。	은행에는 가지 않는다.

<u>私</u>も行く。	나도 간다.
<u>サラダ</u>も食べる。	샐러드도 먹는다.
<u>スウォン</u>からも来ている。	수원에서도 왔다.
<u>一万円</u>さえあれば、買えたのに。	만엔만 있으면 살 수 있었을 텐데.
財布に<u>千円</u>すらない。	지갑에 천엔조차 없다.
<u>友達</u>まで彼を裏切った。	친구까지도 그를 배신했다.
<u>子供</u>だけが喜んでいる。	아이들만이 기뻐하고 있다.
部屋に<u>十人</u>しかいない。	방에는 10명밖에 없다.
<u>一軒</u>だけしか開いていない。	가게 하나밖에 열려있지 않다.
<u>あなた</u>こそ有望な人材だ。	당신이야말로 유망한 인재이다.

3   접속조사

접속조사(接続助詞)는 語와 語, 절과 절을 접속하는 조사를 말하며 병렬접속조사와 종속접속조사로 나뉜다.

① 병렬접속조사 : し, が

私は8時に家を<u>出ますが</u>、弟は7時に出ます。

나는 8시에 집을 나서는데 동생은 7시에 나섭니다.

このケーキは<u>甘いし</u>、美味しいです。

이 케이크는 달고 맛있습니다.

② **종속접속조사** : けれど, から, ので, のに, ば, と

イタリアの夏は<u>暑いけれど</u>、からっとしている。

이탈리아의 여름은 덥지만 습기가 없다.

おこづかいが<u>足りないから</u>、バイトをする。

용돈이 모자라서 아르바이트를 한다.

冬は<u>寒いので</u>、車で出勤する。

겨울은 춥기 때문에 차로 출근한다.

<u>風が涼しいのに</u>、窓を閉めている。

바람이 시원한데 창문을 닫고 있다.

この辺は<u>秋になれば</u>、紅葉がキレイだ。

이 근처는 가을이 되면 단풍이 아름답다.

図書館に<u>行くと</u>、いつも彼女に会える。

도서관에 가면 항상 그녀를 만날 수 있다.

 4   **종조사**

종조사(終助詞)는 문장 끝에 쓰여서 청자에 대한 화자의 태도를 나타낸다. 종조사 중에는 여성이 주로 쓰는 말과 남성이 주로 쓰는 말이 있다. 「わ, の, かしら」 등은 여성이 주로 쓰는 말이고, 「ぞ, ぜ」 등은 남성이 주로 쓰는 말이다. 「か, ね, よ, な」 등은 남녀 구별 없이 쓰이는 종조사이다.

野田さんはだれです<u>か</u>。　　　노다 씨는 누구입니까?

天気がいいです<u>ね</u>。　　　　　날씨가 좋네요.

野口さんは行きますね。	노구치 씨는 가지요?
あんまりさわぐと怒られますよ。	너무 떠들면 혼나요.
どこか旅行にでも行きたいわ。	어딘가 여행이라도 가고 싶어.
どこへ行くの。	어디에 가?
これ、いただいてもいいかしら。	이것 먹어도(가져도) 될까요?
さあ、帰るぞ。	자 가자.
まったく、笑わせるぜ。	진짜 웃긴다니까.

1 특립조사 は와 격조사 が의 차이점

「が」는 격조사인데 격조사는 명사가 문 안에서 수행하는 역할을 정해주는 조사이다. 이와 같은 역할 부여는 특립조사에는 없는 기능이다.

広野さんは来ます。　　히로노 씨는 옵니다.
　⇒ 히로노 씨 이외에 올 가능성이 있는 다른 사람은 오지 않는다는 함의가 있다.
広野さんが来ます。　　히로노 씨가 옵니다.
　⇒ 술어가 나타내는 사태의 주체가 히로노 씨임을 의미하는 문이다.

2 격조사와 특립조사의 병기

격조사와 특립조사는 기능을 달리하는 조사이므로 한 문 안에 공기할 수 있으나, 「がは」와 「をは」와 같은 형식은 제한되어 「がは」도 「をは」도 모두 「は」로 표현된다.

花がは咲いていません。(×)
　⇒ 花は咲いていません。　　꽃은 피지 않았습니다.

<u>花をは</u>買っておきました。（×）

  ⇒ <u>花は</u>買っておきました。　꽃은 사 두었습니다.

<u>駅には</u>案内の人が向かいます。　역에는 안내인이 가겠습니다.

<u>駅までは</u>迎えに行きます。　역까지는 모시러 가겠습니다.

3　양용조사

「まで」는 격조사로 쓰이기도 하고 특립조사로 쓰이기도 한다. 격조사일 때는 도달점을 나타내고 특립조사로 쓰일 때는 '마저'라는 의미로 쓰인다.

<u>渋谷駅まで</u>行きます。　시부야역까지 갑니다.

<u>木村さんまで</u>帰るんですか。　기무라 씨마저 돌아가시는 겁니까?

4　재료의 で격과 원료의 から격

재료나 원료를 이용하여 어떠한 사물을 만들어 낼 때 재료인 경우에는 「で」격으로 표시하고 원료인 경우에는 「から」격으로 나타낸다.

この家は<u>木で</u>造った。　이 집은 나무로 만들었다.

この橋は<u>鉄筋で</u>出来ている。　이 다리는 철근으로 되어 있다.

<u>大豆から</u>とうふを作る。　대두로부터 두부를 만든다.

チーズは<u>牛乳から</u>作る。　치즈는 우유로 만든다.

5 　원인의 で・から・に

　원인을 나타내는 격조사에는 「で」, 「から」, 「に」가 있는데, 이들은 원인이라는 공통적인 의미를 나타내면서, 각각 특징적인 용법을 갖고 있다. 일반적인 원인은 「で」를 사용하여 나타낸다. 원인이 사태의 발단이라는 문맥에서는 「から」를 사용하여 나타낸다. 또한, 자연현상이나 생리적 현상에 관련된 원인은 「に」를 사용하여 나타낸다.

新幹線が<u>大雨で</u>遅れている。　신칸센이 폭우로 지연되고 있다.
　　(×) 大雨から　　　　　　(×) 大雨に
<u>安全意識の不足から</u>事故が起った。

　　　　　　　　　　　　안전의식의 부족으로 사고가 일어났다.
　　(×) 安全意識の不足で　(×) 安全意識の不足に
<u>大きな声に</u>驚いた。　　　큰 소리에 놀랐다.
　　(×) 大きな声で　　　　　(×) 大きな声から

6 　접속조사 から와 ので

　「から」와 「ので」는 종속절에 접속하여 이유를 나타낸다. 일반적으로 「から」는 화자의 주관성이 두드러지고, 「ので」는 객관적 이유를 나타낸다고 할 수 있다.

① 「ので」보다 「から」가 좋은 경우
　- 이유절의 내용에 확실성이 결여되어 있을 때

: ～だろうから / ～たいから

彼は<u>行かないだろうから</u>、それを考えて準備してください。
그는 가지 않을 것이기 때문에, 그걸 고려해서 준비하세요.

- 미래의 화자의 의견을 나타낼 때
: ～しろ / ～しなさい / ～したい / ～ほしい

明日の夜<u>着くから</u>、迎えに来てほしい。
내일 밤에 도착하니까 데리러 와 줘.

② 관용적인 표현
관용적으로 굳어진 표현인 경우「から」와「ので」는 서로 교체할
수 없다.

<u>男というので</u>、泣けないんだろう。 남자라서 울지 못하는 것이겠지.
<u>年上というので</u>、遠慮しているのか。 연상이라서 나서지 않는 것인가?
<u>自分で言ったからには</u>、やるしかない。
　　　　　　　　　　자기가 말했기 때문에 할 수 밖에 없다.
<u>戻ってくるからには</u>、妥協はないのだろう。
　　　　　　　　　　돌아오는 이상 타협은 없는 것이겠지.

연습문제

❶ 질문에 답하세요.

1) 学校までは何に乗って来ますか。

    ----

2) そのジュースのビンは何から作ったんでしょうか。

    ----

3) 先週はどうして欠席しましたか。

    ----

4) どこに住んでいますか。

    ----

❷ 틀린 곳을 찾아내어 바르게 고치세요.

1) ソウルが面積が広いです。

    ----

2) 太郎をは呼びません。

    ----

3) 風邪に病院に行ってきました。

    ----

4) 風邪です。なのに休みました。

    ----

❸ 한국어로 번역하세요.

1) 走っている車の窓から手を出さないでください。

   ----

2) 図書館を出て、駅へ向かいました。

   ----

3) 台風に倒れた木で混雑しています。

   ----

4) いくら大人でも、泣きたくなるときくらいありますよ。

   ----

❹ 일본어다운 문장으로 작문하세요.

1) 코끼리는 코가 길다.

   ----

2) 강아지는 내가 방을 나와서 현관을 나서기까지 짖는다.

   ----

3) 나는 아직 대학생이다. 그러나 엄연한 어른임에 틀림없다.

   ----

4) 너무 늦게 오면 시험을 못 쳐요.

7장

동사의 활용

활용이란 무엇인가?

말은 활용하는 말과 활용하지 않는 말로 나뉜다. 활용하는 말에는 동사와 형용사가 있다. 동사와 형용사는 문장 안에서 쓰일 때 여러 가지 형태로 바뀌게 된다. 변하지 않는 부분을 어간(語幹)이라 하고 활용되어 변하는 부분을 어미(語尾)라고 한다.

1 기본형의 기능

① 문을 종지하는 형태로 쓰인다.

バス停まで<u>歩く</u>。 　　　　 버스정류장까지 걷는다.

部屋に<u>入る</u>。 　　　　 방에 들어간다.

② 명사 앞에서 수식어로 쓰인다.

<u>走る</u>バス 　　　　 달리는 버스

<u>笑う</u>人 　　　　 웃는 사람

③ 종조사·접속조사가 그대로 붙는다.

<u>歩き</u>ながらマンガを<u>読むな</u>。 　　　 걸으면서 만화를 읽지 마.

<u>行くが</u>、遅くなる。 　　　 가는데 늦어진다.

동사의 기본형은 う단으로 끝나며 활용의 형태에 따라 3가지로 나뉜다.

① **5단동사** : 마지막 음절이 る가 아니거나 る로 끝나면서 그 앞이 あ・う・お단인 동사

② **1단동사** : る로 끝나면서 그 앞이 い・え단인 동사

③ **불규칙동사** : 불규칙 활용을 하며 「する・くる」가 있다.

1 동사의 **ます형**

동사를 정중형으로 만드는 형태로 동사그룹에 따라 활용형태가 다르다.

① 5단동사의 **ます형**

いく ik - u	いき＋ます ik - i - masu	いきます

読む ⇒ よみます　　　　　話す ⇒ はなします

遊ぶ ⇒ あそびます　　　　買う ⇒ かいます

② 1단동사의 **ます형**

おきる oki - ru	おき＋ます oki+masu	おきます
たべる tabe - ru	たべ＋ます tabe+masu	たべます

生きる ⇒ いきます　　　　　着る ⇒ きます

変える ⇒ かえます　　　　　考える ⇒ かんがえます

③ 불규칙동사의 **ます형**

する s‐u‐ru	します s‐i‐masu	します
くる k‐u‐ru	き＋ます k‐i‐masu	きます

勉強する ⇒ べんきょうします　　メモする ⇒ メモします

ます형의 여러 가지 용법

① 명사형 만들기

読む⇒よみ	音読み(음독)	ソウル行き(서울행)	山登り(등산)
変える⇒かえ	答え(답)	乗り換え(환승)	重ね着(덧입기)
来る⇒き	行き来(왕래)		

② 복합어 만들기

복합동사	降り出す	考え込む	勉強し始める
복합명사	知り合い	買い物	食べ方

③ 명령형 **な**에 접속시키기

話す ⇒ はなしな	飲む ⇒ のみな
降りる ⇒ おりな	食べる ⇒ たべな
来る ⇒ きな	練習する ⇒ 練習しな

④ **중지형 만들기**

駅まで<u>走り</u>、電車に乗る。　　　역까지 달려서 전철을 탄다.

渋谷でバスを<u>降り</u>、電車に乗る。

시부야에서 버스를 내려서 전철을 탄다.

昼まで<u>勉強し</u>、授業に出る。

점심때까지 공부하고 수업에 간다.

⑤ **기타 표현**

	기본형		~ながら형	~たい형	~やすい형
5단 동사	歩く	걷다	歩きながら	歩きたい	歩きやすい
	飲む	마시다	飲みながら	飲みたい	飲みやすい
	入る	들어가다	入りながら	入りたい	入りやすい
1단 동사	着る	입다	着ながら	着たい	着やすい
	起きる	일어나다	起きながら	起きたい	起きやすい
	答える	대답하다	答えながら	答えたい	答えやすい
	勤める	근무하다	勤めながら	勤めたい	勤めやすい
불규칙 동사	来る	오다	来ながら	来たい	来やすい
	する	하다	しながら	したい	しやすい

て형 만들기

① 5단동사에 「て・た・たり」가 붙으면 발음의 편의상 음편(音便^{おんびん})이 일어난다.

마지막 음절	기본형		て형	과거(た)형
く・ぐ	書く 泳ぐ	쓰다 헤엄치다	かいて およいで	かいた およいだ
う・つ・る	買う 持つ 乗る	사다 갖다 타다	かって もって のって	かった もった のった
ぬ・ぶ・む	死ぬ 遊ぶ 読む	죽다 놀다 읽다	しんで あそんで よんで	しんだ あそんだ よんだ
す	話す	말하다	はなして	はなした

② 1단동사의 て형은 어미 る를 떨어뜨리고 て를 붙여서 만든다.

　　見る ⇒ みて　　　　　　食べる ⇒ たべて

③ 불규칙동사의 て형은 다음과 같이 만든다.

　　来る ⇒ きて　　　　　　する ⇒ して

① **계기적 동작** : ～하고 나서

晩ご飯を<u>食べて</u>、宿題をする。　　　저녁을 먹고 나서 숙제를 한다.

部屋を<u>片付けて</u>、出かける。　　　방을 정리하고 나서 외출한다.

② **동작의 나열** : ～하고

友達に<u>会って</u>、買い物をした。　　친구를 만나고 쇼핑을 했다.

海では、いっぱい<u>泳いで</u>、よく食べる。

　　　　　　　　　　　바다에서는 맘껏 헤엄치고 잘 먹는다.

③ **수단·방법**

電車に<u>乗って</u>、出かけた。　　　전철을 타고 외출했다.

掃除機を<u>使って</u>、片付けた。　　　청소기를 사용해서 정리했다.

④ **원인·이유**

病気に<u>なって</u>、学校を休んだ。　　　병이 나서 학교를 쉬었다.

授業に<u>遅れて</u>、先生に叱られた。

　　　　　　　　　　수업에 늦어서 선생님께 꾸중을 들었다.

3　동사의 **ない형**

① 5단동사

いく ik - u	いか＋ない ik - a - nai	いかない

読む ⇒ よまない　　　話す ⇒ はなさない

遊ぶ ⇒ あそばない　　　買う ⇒ かわない

② 1단동사

おきる oki‐ru	おき＋ない oki+nai	おきない
たべる tabe‐ru	たべ＋ない tabe+nai	たべない

生きる ⇒ いきない　　　着る ⇒ きない

変える ⇒ かえない　　　考える ⇒ かんがえない

③ 불규칙동사

する s‐u‐ru	しない s‐i‐nai	しない
くる k‐u‐ru	こ＋ない k‐o‐nai	こない

勉強する ⇒ べんきょうしない　　メモする ⇒ メモしない

ない형의 용법

① **정중형 만들기** : 동사를 부정형으로 만드는 ない는 형용사이므로 정중형을 만들 때는 です를 붙여주면 된다.

遅くまで遊ばないです。 ≒ 遊びません

늦게까지 놀지 않습니다.

深く<u>考えないです</u>。　　　≒　　考えません

깊이 생각하지 않습니다.

まだ<u>来ないです</u>。　　　≒　　きません

아직 오지 않습니다.

② **ないで와 なくて의 용법**

1) ～ないで : '～ず, ずに'와 같은 의미를 나타낸다.

テキストを<u>読まないで</u>、試験を受ける。

교재를 읽지 않고 시험을 친다.

(＝テキストを<u>読まず</u>(に)、試験を受ける。)

2) ～なくて : 원인적 뉘앙스를 띤다.

<u>雨が降らなくて</u>、大変だ。　비가 오지 않아서 큰일이다.

何も<u>言わなくて</u>、困まる。　아무 말도 하지 않아서 곤란하다.

4 　동사의 조건형

～e/re‐ba 형 만들기

① 5단동사

いく ik‐u	いけ＋ば ik‐e‐ba	いけば

読む ⇒ よめば　　　　話す ⇒ はなせば

遊ぶ ⇒ あそべば　　　買う ⇒ かえば

② 1단동사

おきる oki‐ru	おき＋れば oki+reba	おきれば
たべる tabe‐ru	たべ＋れば tabe+reba	たべれば

生きる　⇒　いきれば　　　　着る　⇒　きれば
変える　⇒　かえれば　　　　考える　⇒　かんがえれば

③ 불규칙동사

する s‐u‐ru	すれば s‐u‐reba	すれば
くる k‐u‐ru	く＋れば k‐u‐reba	くれば

勉強する　⇒　べんきょうすれば　　メモする　⇒　メモすれば

~e/ro 형 만들기

① 5단동사

いく ik‐u	いけ ik‐e	いけ

読む　⇒　よめ　　　　　　話す　⇒　はなせ
遊ぶ　⇒　あそべ　　　　　買う　⇒　かえ

② 1단동사

おきる oki‐ru	おき＋ろ oki+ro	おきろ
たべる tabe‐ru	たべ＋ろ tabe+ro	たべろ

生きる ⇒ いきろ　　　　　着る ⇒ きろ

変える ⇒ かえろ　　　　　考える ⇒ かんがえろ

③ 불규칙동사

する s‐u‐ru	しろ s‐i‐ro	しろ
くる k‐u‐ru	こい k‐o‐i	こい

勉強する ⇒ べんきょうしろ　　　メモする ⇒ メモしろ

6　동사의 의지 · 권유형

~o(u) / yo(u) 형 만들기

① 5단동사

いく ik‐u	いこ＋う ik‐o‐u	いこう

読む ⇒ よもう　　　　　話す ⇒ はなそう

遊ぶ ⇒ あそぼう　　　　買う ⇒ かおう

② 1단동사

おきる oki‑ru	おき＋よう oki+you	おきよう
たべる tabe‑ru	たべ＋よう tabe+you	たべよう

生きる ⇒ いきよう   着る ⇒ きよう

変える ⇒ かえよう   考える ⇒ かんがえよう

③ 불규칙동사

する s‑u‑ru	しよう s‑i‑you	しよう
くる k‑u‑ru	こよう k‑o‑you	こよう

勉強する ⇒ べんきょうしよう

メモする ⇒ メモしよう

来る   ⇒ こよう

1 동사 의지형의 다양한 의미

동사의 의지형은 의지와 권유의 의미 이외에도 다음과 같은 의미용법을 갖고 있다.

① 明日も<u>来よう</u>と思います。　　　　　(완곡한 의지표현)

내일도 올 겁니다.

② 明日は早く<u>起きよう</u>。　　　　　(결심)

내일은 빨리 일어나야지.

③ <u>座ろう</u>としたとき、ドアが開いた。　(동작개시의 직전상태)

앉으려고 할 때 문이 열렸다.

④ タバコだけは<u>止めよう</u>。　　　　(환기, 호소)

담배만은 끊자.

⑤ それは間違いであると<u>言えよう</u>。　(추측)

그건 틀렸다고 할 수 있겠다.

2 　동사의 어간과 어미

　　일본어의 문자인 「ひらがな」는 겉모양으로는 자음과 모음을 구분할 수 없다는 특징을 갖고 있어서, 활용하는 동사는 「ひらがな」의 표기만으로는 어간과 어미의 구분이 불가능하다. 따라서 일본어 동사를 자음과 모음이 드러나도록 로마자로 표기해서 생각할 필요가 있다.

		어간 - 어미	ます형	ない형
5단동사	読む 書く	yom - u kak - u	yom - i - masu kak - i - masu	yom - a - nai kak - a - nai
1단동사	着る 投げる	ki - ru nage - ru	ki - masu nage - masu	ki - nai nage - nai
불규칙동사	来る する	k - u - ru s - u - ru	k - i - masu s - i - masu	k - o - nai s - i - nai

3 　특수한 ない형

　　5단동사는 어간이 자음으로 끝난다 하여 <자음동사>라고도 하는데, 5단동사인 「わらう」「ならう」 등은 [wara-u] [nara-u]로 어간과 어미를 나누었을 때 어간이 모음으로 끝나 마치 모음동사처럼 보인다.

わらう : waraw‑u / waraw‑a‑nai / waraw‑i‑masu
ならう : naraw‑u / naraw‑a‑nai / naraw‑i masu

위와 같이 어간이 [w]로 끝난다고 해석한다면 「わらわない」「なら
わない」에 대한 설명도 가능해 진다.

4　愛する와 愛す

비슷한 뜻을 나타내는 두 동사이지만,「愛する」는「する」와 같은
불규칙동사로 활용하고,「愛す」는 5단동사로 구분되므로 이에 따라
활용한다.

愛する : あいします / あいしない
愛す　 : あいします / あいさない

❶ 틀린 곳을 찾아 바르게 고치세요.

1) 今週は事故が起きらなかった。

---

2) 川で遊びたり、山に登りたりしました。

---

3) 三時までに終われれば、参加します。

---

4) 友だちは、テストに落ちって、ぜんぜん笑あない。

---

❷ 다음 동사를 て형으로 만드세요.

1) 拾う　終わる　帰る

---

2) 飲む　遊ぶ　並ぶ

---

3) 片付ける　訪ねる　話す

---

4) 泣く　引く　行く

----

❸ 다음 동사를 어간과 어미로 나누어 로마자로 표기해 보세요.

1) 飲む　貸す　待つ　騒ぐ

----

2) 誘う　笑う　言う　負う

----

3) 降りる　見る　考える　寝る

----

4) 来る　愛する　愛す

----

❹ 일본어다운 문장으로 작문하세요.

1) 숙제가 끝나지 않아서 잠을 못 잤다.

----

2) 일이 정리되면 빨리 돌아가라.

----

3) 외출하려고 할 때 손님이 찾아 왔다.

----

4) 아무도 길바닥의 쓰레기를 줍지 않는다.

8장

동사의 분류

동사란 무엇인가?

동사는 의미적으로 움직임 즉 운동을 나타내는 말로 운동 이외에 상태, 존재, 관계를 나타내기도 한다. 또한 의지성의 포함 여부에 따라 의지동사와 무의지동사로 나눌 수 있으며 사태의 유형에 따라 자동사와 타동사로 분류할 수 있다.

형태적으로 모든 동사는 う단으로 끝나며, 활용형을 기준으로 5단 활용동사, 1단 활용동사, 불규칙동사로 분류된다. 문 안에서 동사는 술어로 쓰이며 어미가 변화하여 조동사 등 부속어를 첨가하는 활용을 한다.

동사의 분류

1 운동동사와 상태동사

동작성의 유무에 따라 운동동사와 상태동사는 대립한다.

① **운동동사** : 운동주체의 동작을 나타내는 동사와 변화를 나타내는 동사로 나뉘어 진다. 동사의 기본형으로는 현재시제를 나타내지 못하고 동사의 ている형으로 현재를 나타내게 된다.

> - 動く, 殴る, 叩く, 食べる, 歩く, 行く, 働く, (雨が)降る, 壊す, 焦がす, 折る, 切る, 曲げる, 冷ます 등
> - 壊れる, 焦げる, 折れる, 増える, 曲がる, 乾く, 冷める 등

② **상태동사** : 상태·존재·관계를 나타내는 동사로 기본형이 현재시제를 나타낼 수 있다.

> 見える, ある, 属する, 所有する, 関わる 등

すぐ<u>行きます</u>。　　　　　금방 가겠습니다.
　운동동사 – 미래, 의지
よく<u>見えます</u>。　　　　　잘 보입니다.
　상태동사 – 현재
いっしょに<u>食べよう</u>。　　같이 먹자.
　운동동사 – 권유
どんどんうまく<u>出来よう</u>。　점점 더 잘 할 것이다.
　상태동사 – 추측

① **의지동사** : 인간의 의지적인 동작을 나타낸다.

> 行く, 走る, 食べる, 読む, 働く, 切る 등

② **무의지동사** : 인간의 의지로 제어할 수 없는 사태를 나타낸다.

> - 忘れる, 落ちる, (試験に)受かる 등
> - (雨が)降る, 晴れる, 潰れる, 焼ける 등

早く帰りましょう。　　　　　　　빨리 돌아갑시다.

　의지동사 - 의지, 권유

今度だけは最後まで読め。　　　이번만은 끝까지 읽어라.

　의지동사 - 의지

明日は雨が降りましょう。　　　내일은 비가 오겠지요.

　무의지동사 - 추측

今度こそ試験に受かれ。　　　　이번에야말로 시험에 붙어라.

　무의지동사 - 희망

　동사는 문법적 의미에 따라 자동사와 타동사로 분류할 수 있다. 형
태적 특징으로 말하자면 행위의 대상 즉 목적어를 취하지 않는 동사
를 자동사, 목적어를 취하는 동사를 타동사라고 한다.

① **자동사** : 동작주체인 사람을 주어로 하는 유생(有生)주어 자동
사와 동작의 대상이 되는 사물을 주어로 하는 무생(無生)주어
자동사로 나뉘어진다. 유생주어 자동사와 무생주어 자동사는
수동문의 파생에서 차이를 보인다. 즉 유생주어 자동사는 간접
수동문이 가능하지만 무생주어 자동사는 모든 수동문의 파생
이 불가능하다.

유생주어 자동사 :
　歩く, 飛ぶ, 座る, 寝る, 笑う 등
무생주어 자동사 :
　開く, 流れる, 冷める, 壊れる, 付く 등

太郎は毎朝1時間走る。　　타로는 매일 아침 한 시간 달린다.
花子はいつも同じ席に座る。　하나코는 항상 같은 자리에 앉는다.
このドアは自動的に開く。　이 문은 자동으로 열린다.
この川は東海へと流れる。　이 강은 동해로 흘러간다.

花子はいつもの席に人に座られた。(간접수동문)
　하나코는 항상 앉는 자리에 다른 사람이 앉아서 못 앉았다.
*花子は急にドアに開かれた。(×)

② **타동사** : 동작주체 또는 경험자 등의 주어와 대상인 목적어를
취하는 동사를 타동사라 한다. 일부 타동사만이 직접수동문의
파생이 가능하다는 점 등 문법 카테고리에 따라 자동사와 타동
사는 다른 현상을 보인다.

> - 開ける, 投げる, 壊す, 送る, 話す, 移す, 足す, ひく 등
> - 読む, 書く, 食べる, 聞く, 考える, 思う, 持つ, 覚える 등

太郎が弟を<u>なぐった</u>。　　　타로가 동생을 때렸다.

  → 弟は太郎に<u>なぐられた</u>。

花子がスイカを二つに<u>割った</u>。　하나코가 수박을 둘로 잘랐다.

  → スイカが二つに<u>割られた</u>。

次郎が英語の本を<u>読んだ</u>。　　지로가 영어책을 읽었다.

  → 英語の本が次郎に<u>読まれた</u>。(×)

  → この英語の本は若い人たちによく<u>読まれる</u>。

Step UP ■■■■■

1 동사의 의지성

의지동사와 무의지동사는 문에서 서로 다른 의미를 나타내거나 특정 부사와는 함께 쓰이지 않는 경우가 있다.

① 명령형의 의미 변화

의지의 의미를 함의하지 않는 동사는 형태가 명령형이 되더라도 명령의 의미를 나타내지 못하고 화자의 희망을 나타내는 표현이 된다.

君にしあわせあれ。	너에게 행복 있어라(행복했으면 좋겠다).
明日、天気になれ。	내일 맑아라.
太陽よ、輝け。	태양이여, 빛나라.

② 부사와의 공기(共起)관계

같은 운동동사라 해도 동사의 의미에 무의지성이 함의되어 있을 경우 의지를 나타내는 부사와는 공기하지 않는다.

電車でうっかりして傘を落とした。
　전철에서 깜박하고 우산을 잃어버렸다.
電車でむりやり傘を落とした。(×)

うっかり約束を<u>忘れた</u>。　　　　깜박 약속을 잊어버렸다.

わざと約束を<u>忘れた</u>。(×)

　　→ わざと約束を<u>忘れようとした</u>。

　　　일부러 약속을 잊어버리려고 했다.

2 자・타동사의 문형

자동사와 타동사는 취하는 격조사의 패턴이 다르다.

① **자동사 문형**

「〜**が** V」

ケンタ<u>が走る</u>。　　　　　　　켄타가 달린다.

水<u>が流れる</u>。　　　　　　　　물이 흘러간다.

(ケンタは)フランス語<u>ができる</u>。　(켄타는)프랑스어가 된다.

「〜**が**〜**に** V」

パソコン<u>が部屋に</u>ある。　　　컴퓨터가 방에 있다.

<u>結論が</u>B案<u>に</u>決まる。　　　결론이 B안으로 정해지다.

② **타동사 문형**

「〜**が** 〜**を** V」

マリ<u>が</u>ピアノ<u>を</u>引く。　　　마리가 피아노를 친다.

ケンタ<u>が</u>ボール<u>を</u>蹴る。　　켄타가 공을 찬다.

「～が ～に ～を Ｖ」

マリがケンタにボールをあげる。　마리가 켄타에게 볼을 준다.

ケンタがマリにメールを送る。　켄타가 마리에게 메일을 보낸다.

コーチがかごにボールを入れる。　코치가 바구니에 공을 넣는다.

「～が ～から ～を Ｖ」

マリが押し入れからカバンを出す。

마리가 벽장에서 가방을 꺼낸다.

ケンタがタカシからボールを奪う。

켄타가 타카시에게서 공을 뺏는다.

３ 자·타동사의 대응 패턴

일본어 동사에는「切れる/切る」나「開く/開ける」와 같이 공통부분을 갖는 자동사와 타동사가 다수 존재한다. 즉 같은 어근(語根)에서 파생된 자동사와 타동사가 짝을 이루는 경우가 많이 있다.

① 짝을 갖는 동사

자동사	出る	立つ	並ぶ	直る	始まる	降りる	起こる	動く
타동사	出す	立てる	並べる	直す	始める	降ろす	起こす	動かす

② 짝을 갖지 않는 동사

자동사	なる	座る	寝る	走る	遊ぶ	笑う	泣く	すべる
타동사	する	読む	着る	考える	置く	投げる	食べる	飲む

③ **양용동사**

하나의 동사가 자동사와 타동사 양쪽으로 쓰이는 경우가 있다.

終わる　　開始する　　移転する　　展開する

これで授業を<u>終わります</u>。　　　　이것으로 수업을 끝내겠습니다.

<u>授業が終わりました</u>。　　　　　　수업이 끝났습니다.

4 　타동사의 자동사적 용법

타동사가 신체명사의 을격과 함께 쓰일 경우 문의 의미는 자동사문이 된다. 문 안에서 신체부분을 나타내는 을격명사는 주어 자신의 신체 부분을 가리키는 경우가 일반적이기 때문에 결과적으로 자기 자신에 대한 행위로 해석되어 자동사문의 의미가 된다.

耳を傾ける	귀를 기울이다	耳をすませる	귀를 기울이다
目を輝かせる	눈을 반짝이다	目をそらす	눈을 피하다
足をひるがえす	돌아서다	足を止める	멈추다
手をたたく	손뼉을 치다	手を振る	손을 흔들다

연습문제

❶ 술어의 의미가 다른 하나를 찾으세요.

1) ゆっくり飲め。

----

2) ぜひ試験に受かれ。

----

3) 静かに入れ。

----

4) てきぱきと仕事しろ。

----

❷ 틀린 곳을 찾아 바르게 고치세요.

1) ドアを開いて入ったら、すでにみんな来ていた。

----

2) これは、友だちから貸した本なんです。

----

3) 弟が妹におもちゃを奪った。

----

4) 花子がりんごを二つに割れて、分けてくれた。

----

❸ 다음 동사의 짝을 찾아 쓰세요.

1) 残る　直る　起こる

　　--

2) 増やす　出す　流す

　　--

3) なる　死ぬ　教える

　　--

4) 置く　くさる　終わる

　　--

❹ 일본어다운 문장으로 작문하세요.

1) 그 일에서는 빨리 손을 떼는 것이 좋다.

　　--

2) 꼭 훌륭한 어른이 되어라.

　　--

3) 이제 문을 부수고 들어가는 수밖에 없다.

　　--

4) 하늘을 보니 내일은 비가 오겠습니다.

　　--

현대 일본어 문법

조건표현

조건표현이란 무엇인가?

조건·가정 표현이란 前件(조건절)이 나타내는 사태가 성립되면 後件(주절)의 사태가 실현됨을 나타내는 문을 말한다. 일본어의 조건절은 술어(동사, 형용사, 명사)의 형태를 「ば, と, たら, なら」형으로 하여 만든다. 또한 각 조건절의 형식에 따라 성립하는 조건과 나타내는 의미에 차이가 있다.

조건표현의 종류

1 ば형

① **접속형태** :

동사 : − eば / れば

　　　　よぶ → よべば　　　おりる → おりれば

い형용사 : ければ

おいしい → おいしければ　　あつい → あつければ

명사 / な형용사 : なら(ば) / であれば

あなた → あなたなら(ば)　あなただ → あなたであれば

しずかだ → しずかなら(ば), しずかであれば

② **의미** : 앞 절의 조건이 만족한다면 주절의 사태가 성립된다는 전
형적인 조건표현을 나타낸다.

1) 일반적이고 반복적인 인과관계를 나타낸다. 이 경우 と형과 유
사하다.

ちりも<u>積もれば</u>、山になる。　　　티끌도 쌓이면 산이 된다.

春に<u>なれば</u>、桜が咲く。　　　　봄이 오면 벚꽃이 핀다.

先生は札幌に<u>行けば</u>、(いつも)あの喫茶店に寄る。

선생님은 삿포로에 가면 (항상) 그 카페에 들른다.

2) 개별적인 사태를 나타내고 주절에 화자의 의지를 나타내는 표
현이 올 수 있다.

<u>安ければ</u>、買おう。　　　　　싸다면 사자.

<u>お金があれば</u>、買いたい。　　　돈이 있으면 사고 싶다.

③ **제한** : 주절이 화자의 의지를 나타낼 때는 앞 절의 술어는 상태술
어이어야 하며 앞 절의 술어가 동작동사일 때는 주절에 화자의
의지를 나타내지 못한다.

京都に<u>行ければ</u>、金閣寺が見られる/ 金閣寺を見よう。

교토에 갈 수 있다면 금각사를 볼 수 있다/ 금각사를 보자.

京都に<u>行けば</u>、金閣寺が見られる/ 金閣寺を見よう。(×)

교토에 가면 금각사를 볼 수 있다/ 금각사를 보자.

① **접속형태** :

동사 : 종지형 ＋ と

よぶ → よぶと　　　おりる → おりると

い形容詞 : 종지형 ＋ と

おいしい → おいしいと　　あつい → あついと

명사/ な形容詞 : 조동사(だ) ＋ と

先生だ → 先生だと / 先生であると

元気だ → 元気だと / 元気であると

② **의미** : 앞 절의 사태가 성립하면 주절의 사태도 반드시 성립됨을 나타낸다.

春に<u>なると</u>、桜が咲く。　　　　봄이 오면 벚꽃이 핀다.

一に二を<u>足すと</u>、三になる。　　1에 2를 더하면 3이 된다.

③ **제한** :

1) 문말에 명령, 의지, 권유, 희망 표현이 올 수 없다.

桜が<u>咲くと</u>、花見に行け(×) / 行こう(×) / 行きたい(×)。

2) 1회로 끝나버리는 내용에는 쓸 수 없다.

今年は夏休みに<u>なると</u>、北海道へ行きます。(×)

毎年、夏休みに<u>なると</u>、北海道へ行きます。

매년 여름방학이 되면 북해도에 갑니다.

3 **たら형**

① **접속형태** : た형 + ら

<u>동사</u> :   よぶ → よんだら   おりる → おりたら

<u>い형용사</u> : おいしい → おいしかったら
        あつい → あつかったら

<u>명사 / な형용사</u> : 先生だ → 先生だったら
          元気だ → 元気だったら

② **의미** : 개별적, 우연적, 일회적으로 한정된 사태이거나 시간이 지나면 실현되는 사태일 때 쓸 수 있다.

お湯が<u>沸いたら</u>、麺を入れてください。

물이 끓으면 면을 넣어 주세요.

<u>授業が終わったら</u>、来てください。

수업이 끝나면 와 주세요.

① **접속형태** :

　　　동사 : よぶ → よぶなら　　　おりる → おりるなら

　　　い형용사 : おいしい → おいしいなら　　　あつい → あついなら

　　　명사 / な형용사 : 先生だ → 先生なら / 先生であるなら
　　　　　　　　　　　　元気だ → 元気なら
　　　　　　　　　　　　(「ならば」는 「ば형」으로 취급한다.)

② **의미** :

1) 앞 절이 나타내는 사태를 알고 이에 어떻게 대응할 것인가를
　주절에 표명한다.

　　あなたが<u>見るなら</u>、私も見よう。　당신이 본다면 나도 보겠다.

　　A: 四月物語という映画を見ましたか。

　　　　　　　　　　　　　　　4월이야기라는 영화를 봤어요?
　　B: <u>それなら</u>、見ています。　　　　　그거라면 봤어요

2) 미래에 일어날 일이라도 확실하다면 쓸 수 있다.

　　北海道へ<u>行くなら</u>、飛行機で行きます。
　　　북해도에 간다면 비행기로 가겠습니다.

③ 제한 :

1) 조건절에는 새로 알게 된 일 이외에는 올 수 없다.

春になるなら、桜が咲く。(×) (확실하게 일어날 일)
봄이 된다면 꽃이 핀다.
明日雨が降るなら、試合は延期する。(×) (아직 알 수 없는 일)
내일 비가 온다면 시합은 연기하겠다.

2) 주절은 화자의 판단이나, 의지를 나타내기 때문에 과거형이나
객관적인 내용은 올 수 없다.

辞書を見るなら、分かりました。(×) (주절이 과거)
→ 辞書を見たら、分かりました。
君が行くなら、太郎も行く。(×) (주절이 화자와 무관)
→ 君が行くなら、太郎も行くだろう。

Step UP ■■■■■

1 나쁜 결과를 나타내는 경우

주절의 내용이 나쁜 결과를 나타내는 경우 ば형의 사용은 제한된다.

> この薬を<u>飲めば</u>、熱が下がります。　　　（○）(좋은 결과)
> 　이 약을 먹으면 열이 내릴 겁니다.
> この薬を<u>飲めば</u>、熱が上がります。　　　（×）(나쁜 결과)
> 快速に<u>乗れば</u>、約束に間に合うだろう。（○）(좋은 결과)
> 　쾌속을 타면 약속시간에 맞출 수 있을 것이다.
> 快速に<u>乗れば</u>、約束に遅れるだろう。　（×）(나쁜 결과)

　조건절이 부정문인 경우에는 주절이 나쁜 결과를 나타내더라도 사용 가능하다.

> この薬を<u>飲まなければ</u>、熱が上がります。
> 　이 약을 먹지 않으면 열이 오를 겁니다.
> 快速に<u>乗らなければ</u>、約束に遅れるだろう。
> 　쾌속을 타지 않으면 약속에 늦을 것이다.

たら형의 경우는 주절의 결과가 좋고 나쁨에 상관없이 사용 가능
하다.

この薬を<u>飲んだら</u>、熱が上がります。

이 약을 먹으면 열이 오를 겁니다.

<u>電車に乗ったら</u>、約束に遅れるだろう。

전철을 타면 약속에 늦을 것이다.

2 발언의 전제표현

ば형은 「思う, 考える, 言う」 등의 동사에 접속해서 발언의 전제
표현으로 쓰일 때가 있다.

<u>思えば</u>、ずいぶん昔のことだ。

생각해 보면 꽤 옛날 일이다.

<u>考えてみれば</u>、もう5年も経っている。

생각해 보면 벌써 5년이나 흘렀다.

<u>そう言えば</u>、ハルナちゃんはどこですか。

그러고 보니 하루나는 어디에 있어요?

<u>どちらかと言えば</u>、おとなしい方ですね。

어느 쪽인가 하면 얌전한 편이죠.

❶ 틀린 곳을 찾아내어 바르게 고치세요.

1) 後輩が来れば、仕事を手伝ってください。

----

2) これを飲めば、おなかを壊します。

----

3) 冬になると、スキーに行きたい。

----

4) 五分経てば、水を入れた方がいい。

----

❷ 맞는 표현을 고르세요.

1) 少し休みます。一時間 (経てば / 経ったら)、起こしてください。

----

2) 東京に (行けば / 行ったら)、誰に会う予定ですか。

----

3) 電気コードを濡れた手で (さわれば / さわったら)、感電しますよ。

----

4) 卒業(すれば / したら)、日本へ行きたい。

---

❸ 다른 조건표현으로 바꾸세요.

1) あの頃は学校へ行けば、図書館に寄ったものだ。

---

2) このボタンを押すと、ドアが開く。

---

3) 父は帰りが遅くなれば、必ず怒る。

---

4) 早めに帰ったら、ドアが閉まっていた。

---

❹ 일본어다운 문장으로 작문하세요.

1) 만약 표가 없다면 어떻게 하죠?

---

2) 값이 싸면 잘 팔린다.

---

3) 초밥이 싫다면 우동으로 합시다.

---

4) 오사카에 갈 수 있다면 고베에도 가보자.

텐스 · 아스펙트

시제(텐스)란 무엇인가?

① 시제(時制, tense)란 말하는 시점을 기준으로 사태(event)의 시간
  적 전후 관계를 나타내는 문법범주이다.

② 시간의 흐름에 따라 과거, 현재, 미래 시제가 있고 시간적 개념을
  초월한 초시제(超時制)도 존재한다.

③ 동사문 뿐만 아니라 형용사문과 명사문에도 시제는 존재한다.

④ 동사의 경우 동사의 종류에 따라 다음과 같이 시제를 나타낸다.

	현재시제	과거시제
운동동사	している형	した형
상태동사	する형	した형

　운동동사는 기본형으로 미래를 나타낸다. 상태동사나 형용사·명사 술어문의 경우는 기본형이 미래시제의 부사와 함께 사용되어 미래를 표현할 수 있다.

すこし<u>休みます</u>。	조금 쉬겠습니다.
明日は午後から授業が<u>あります</u>。	내일은 오후부터 수업이 있습니다.
<u>土曜日</u>は<u>忙</u>しいです。	토요일은 바쁩니다.
来年から<u>高校生</u>です。	내년부터 고등학생입니다.

　상태동사는 기본형으로 현재를 나타낸다. 운동동사의 기본형은 현재를 나타내지 못하고 している형이 현재를 나타낸다. 형용사·명사 술어는 기본형으로 현재를 나타낸다.

ロバートさんは日本語が<u>できます</u>。	로버트씨는 일본어를 할 수 있습니다.
ケリーさんはテレビを<u>見ています</u>。	케리씨는 텔레비전을 보고 있습니다.
<u>薄着</u>でとても<u>寒い</u>です。	옷을 얇게 입어서 굉장히 춥습니다.
<u>娘</u>は<u>大学生</u>です。	딸은 대학생입니다.

　과거 표현은 운동동사 및 상태동사, 형용사문, 명사문 모두에서 나타낼 수 있다.

お昼は<u>食べました</u>。　　　　　점심은 먹었습니다.

その木は昔からそこに<u>ありました</u>。

　　그 나무는 옛날부터 그 곳에 있었습니다.

東京よりロンドンの方が物価が<u>高かった</u>。

　　도쿄보다 런던이 물가가 비쌌다.

キャンパスは<u>静か</u>だった。　　　　캠퍼스는 조용했다.

彼は若いころ<u>英語の先生</u>だった。

　　그 사람은 젊었을 때 영어선생님이었다.

　기본형으로 시간을 초월한 원리, 자연 법칙 등을 나타낼 수 있다.

春は<u>暖かい</u>。　　　　　　　봄은 따뜻하다.

一年は<u>12ヶ月</u>だ。　　　　　일 년은 12개월이다.

太陽は東の方から<u>のぼる</u>。　　태양은 동쪽에서 뜬다.

水は<u>上</u>から<u>下</u>へと<u>流れる</u>。　　물은 위에서 아래로 흐른다.

① 상(相, aspect)이란 어떠한 운동이 운동의 시작점부터 종결점까지의 어느 부분에 위치하고 있는가를 문제시하는 문법범주이다.

② 동사가 나타내는 운동은 시간의 흐름과 함께 진행되는 것이며 시작과 끝이 있다. 시작과 끝이 있는 운동을 어떻게 보는가 하는 것이 상이다.

③ 완성상과 계속상이 대립을 이룬다.

	완성상	계속상
비과거형	する	している
과거형	した	していた

④ 텐스도 아스펙트도 시간과 관련된 문법범주인데, 아스펙트는 동사가 나타내는 운동이 기준이 되는 시간과 어떻게 관련되는가에 관한 범주이고, 텐스는 동사가 나타내는 운동이 시간축 상의 어디에 위치하는가에 관한 범주이다.

아스펙트의 특징

① 아스펙트는 동사에만 있는 문법범주로 명사 술어나 형용사 술어, 상태동사 등 상태성 술어에는 없는 문법범주이다.

② 운동동사와 상태동사의 구별은 시제와 더불어 상의 범주와도 밀
  접한 관계가 있다. 상의 범주는 시제와 달리 운동동사에서만 볼
  수 있다.
③ 운동동사는 완성상 する형과 계속상 している형이 대립한다. 상
  태동사는 형태적·의미적으로 아스펙트 대립을 보이지 않는다.

상의 대립이 없고 그 양상은 세 가지 유형으로 나뉜다.

① **している형이 없는 동사**

> ある(있다), 要る(필요하다), 出来る(할 수 있다),
> ～すぎる(너무～하다), (～に)当る(～에 해당한다)

窓ぎわに花瓶が<u>ある</u>。   창가에 꽃병이 있다.
窓ぎわに花瓶が<u>あっている</u>。(×)
それを買うには一万円<u>要る</u>。   그것을 사려면 만 엔이 필요하다.
それを買うには一万円<u>要っている</u>。(×)

② **している형으로만 상태를 나타내는 동사**

> 優れる(뛰어나다), そびえる(솟다),
> 似る(닮다), 凝る(열중하다)

僕は最近ワインに<u>凝っている</u>。   나는 최근 와인에 푹 빠졌다.
僕は最近ワインに<u>凝る</u>。(×)

妹は父に<u>似ている</u>。　　　여동생은 아빠를 닮았다.

妹は父に<u>似る</u>。（×）

妹は父に<u>似た</u>。（×）

③ **している**형과 **する**형의 상적 의미가 같은 동사

> 反する(반하다),　属する(속하다),
> 違う(틀리다),　異なる(다르다)

その意見は規定に<u>反する</u>。　　　그 의견은 규정에 반한다.

その意見は規定に<u>反している</u>。

あくまでも僕の意見とは<u>違う</u>。　　어디까지나 내 의견과는 다르다.

あくまでも僕の意見とは<u>違っている</u>。

2　운동동사

① 완성상과 계속상의 대립이 있다.

아스펙트란 운동동사가 나타내는 운동을 전체적이고 통합된 것으로 바라볼 것인지, 아니면 운동의 국면을 분할하여 바라볼 것인지, 그 운동의 모습을 파악하는 방법에 관한 문법범주이다. 통합된 운동으로 볼 경우를 완성상(비분할상)이라 하고「する・した」형이 이를 나타낸다. 운동의 국면을 분할하여 볼 경우에는 계속상(분할상)이라 하고「している・していた」형이 이를 나타낸다.

来週から新聞を<u>読む</u>。　　　다음 주부터 신문을 읽을 것이다.

今日は5時間も<u>勉強した</u>。　　오늘은 5시간이나 공부했다.

弟はテレビを<u>見ている</u>。　　동생은 텔레비젼을 보고 있다.

公園に落ち葉が<u>落ちていた</u>。　공원에 낙엽이 떨어져 있었다.

② **している**형의 기본적 의미는 〈지속〉이다.

동사는 기본적으로「している」형으로 <동작의 진행>을 나타내는
부류와 <결과의 지속>을 나타내는 부류로 나뉜다.

弟はマンガを<u>読んでいる</u>。　남동생은 만화를 읽고 있다.

おじさんはお菓子を<u>売っている</u>。　아저씨는 과자를 팔고 있다.

財布が<u>落ちている</u>。　지갑이 떨어져 있다.

雪が<u>積もっている</u>。　눈이 쌓여 있다.

〈상적 의미에 따른 동사분류〉

동사의 종류		의미특징	している의 의미	동사
상태 동사		상태 (S)	상의 대립 없음	• ある、要る、(〜に)あたる • そびえる、似る、すぐれる、こる • 反する、属する、違う、異なる
운동동사	동작동사	주체동작 (A)	동작진행 (능동・수동)	殴る、打つ、叩く、読む、飲む、回す、動かす、聞く、言う、書く、遊ぶ、動く、飛ぶ、笑う、歩く
	변화동사	주체동작・객체변화 (R1)	능동 : 동작진행 수동 : 결과지속	温める、開ける、編む、折る、固める、乾かす、壊す、つぶす、炊く、磨く
		주체변화 (R2)	결과지속	かぶる、着る、にぎる、持つ、上がる、座る、立つ、起きる、寝る、戻る、死ぬ
		객체변화 (R3)	결과지속	温まる、開く、片づく、折れる、切れる、乾く、くもる、壊れる、消える、さめる

(S : state, A : action, R : result)

A) 花子が太郎を殴っている。   <동작진행>

    太郎が花子になぐられている。   <동작진행>

R1) 母が窓を開けている。   <동작진행>

    窓が開けられている。   <결과지속>

R2) 花子がソファーに座っている。   <결과지속>

    帽子がかぶられている。   <결과지속>

R3) 窓が開いている。   <결과지속>

    空がくもっている。   <결과지속>

Step UP ■■■■■

1 동사가 나타내는 운동이란?

문법에서 말하는 '운동'이란 움직임을 뜻하는 것으로, 의지를 갖고 스스로 움직이는 생물의 운동에 국한되는 개념이 아니라, 「ドアがあく(문이 열리다)」나 「野菜がくさる(야채가 썩다)」가 나타내는 사태도 '상태'가 아닌 '운동'으로 파악한다. 「雨, 雪, 日」와 같은 자연현상을 나타내는 말이 주어가 되는 움직임도 '운동'으로 본다.

운동동사의 주어

① **유생물인 경우**

    馬が走っている。　　　　　(동작진행)

      말이 달리고 있다.

    リエがベンチに座っている。　(결과지속)

      리에가 벤치에 앉아 있다.

② **무생물인 경우**

    ブランコがゆれている。　　　(동작진행)

      그네가 흔들리고 있다.

    ゼリーが固まっている。　　　(결과지속)

      젤리가 굳어져 있다.

③ 무생물 중 자연현상인 경우

風が吹いている。　　　　　(동작진행)

바람이 불고 있다.

日がのぼっている。　　　　(결과지속)

해가 떠 있다.

2 た의 의미변형

과거시제를 나타내는 た형이 과거의 의미를 나타내지 않는 경우가 있다. 단순상태를 나타내거나 화자의 기분을 나타내는 표현으로 의미가 변형되어 발견, 상기, 명령 등을 나타낼 수 있다.

① **단순상태**

お腹、すいた。　　　　　　배고프다.

本当に困ったね。　　　　　정말 곤란하네.

② **발견**

(探していた指輪が) こんなところにあった!

(찾던 반지가) 이런 데 있네!

(隠れん坊をしていて)見つけた!

(숨바꼭질을 하다가) 찾았다!

③ **상기**

君は、留学生だったね。　　　　　자네는 유학생이었지?

ミーティングは、十時からだったね。　회의는 10시부터였지?

④ **명령**

<table>
<tr><td>早く<u>帰った</u>、<u>帰った</u>。</td><td>자, 어서 돌아가.</td></tr>
<tr><td><u>飲んだ</u>、<u>飲んだ</u>。</td><td>어서 마셔라.</td></tr>
</table>

3 상적 의미의 이행

している형이 나타내는 기본적 상의 의미는 문맥이 변경되면 다른 상적 의미로 바뀌거나 파생적 의미로 이행할 수 있다. 부사적 요소가 첨가되면 している형이 운동의 국면을 나타내지 못하고 운동을 <완성상>으로 파악하여 동작의 <반복>을 나타내거나 <완료>, <경험>의 의미로 이행하게 된다.

<table>
<tr><td>弟は<u>毎週</u> 公園を<u>歩いている</u>。</td><td>(반복) 남동생은 매주 공원을 걷고 있다.</td></tr>
<tr><td>その本ならすでに<u>読んでいる</u>。</td><td>(완료) 그 책이라면 이미 읽었다.</td></tr>
<tr><td>一年前に日本に<u>行っている</u>。</td><td>(경험) 일 년 전에 일본에 갔었다.</td></tr>
</table>

している형의 기본적 의미가 <결과지속>을 나타내는 <주체변화동사>도 다수의 주체에 의한 동작을 나타내면 <동작진행>의 의미로 이행된다.

<table>
<tr><td>学生が<u>座っている</u>。</td><td>(결과지속)</td></tr>
<tr><td>　학생이 앉아 있다.</td><td></td></tr>
<tr><td>学生たちが<u>前列から座っている</u>。</td><td>((다수의 주체에 의한) 동작진행)</td></tr>
<tr><td>　학생들이 앞 열부터 앉고 있다.</td><td></td></tr>
</table>

太郎は戻っている。　　　　　　　　(결과지속)

타로는 돌아와 있다.

太郎たちは山から三々五々戻っている。((다수의 주체에 의한) 동작진행)

타로네 그룹은 산에서 삼삼오오 돌아오고 있다.

4　현재완료

과거(した)와 현재완료(している)의 의미 차이

お昼はどうしたの?

　→ 食べませんでした。

단순과거 : 과거에 일어난 사태와 발화시점과의 단절을 내포한다.

　→ まだ食べていません。

현재완료 : 과거에 일어난 사태의 영향이 발화시점까지 지속되고 있음을 나타낸다.

부정과거형이 잘못 쓰인 예	부정과거형이 바르게 쓰인 예
- 출석을 부르는 상황 先生 : 田中みさとさん! 　다나카 미사토! 生徒 : 田中はまだ来ませんでした。 　(×) ⇒ 田中はまだ来ていません。 　(○) 다나카는 아직 안 왔습니다.	- 지난 모임 출석자에 관한 대화 先生 : 田中さんも来ていたのかな。 　다나카도 왔었는가? 生徒 : いいえ、田中さんは来ません でした。 아니오, 다나카는 오지 않았 습니다.

5　~し始める・~し続ける・~し終わる・~しつつある

운동이 개시되어 종결되기까지 어느 국면에 있는가를 나타내는 표현으로, 하고 있는 형 이외에 다음과 같은 것이 있다.

① 운동의 개시 국면을 나타내는 ~し始める・~し出す

雨が降り始めた。	비가 오기 시작했다.
(急に)雨が降り出した。	(갑자기) 비가 오기 시작했다.
車が動き始めた。	차가 움직이기 시작했다.
車が動き出した。危ない!	차가 움직이기 시작했다. 위험해!

② 운동의 계속 국면을 나타내는 ~し続ける

三日間雨が降り続けた。	3일간 비가 계속 내렸다.
お皿を洗い続けた。	접시를 계속 씻었다.

③ 운동의 종결 국면을 나타내는 ~し終わる・~し終える

本を読み終わった。	책을 다 읽었다.
マフラーを編み終えた。	목도리를 다 짰다.

④ 변화의 과정을 나타내는 ~しつつある

氷が溶けつつある。	얼음이 녹고 있다.
愛がめばえつつある。	사랑이 싹트고 있다.

6　결과잔존을 나타내는 ~してある

　동사의 ~してある형은 <결과잔존>과 <준비>의 의미를 나타내며 <준비>를 나타낼 경우에는 ~しておく형과 유사한 의미를 나타낸다.

① 결과잔존

　　문형 :「 – が　타동사 てある」
　　まどが<u>閉めてある</u>。　　　　창문이 닫혀져 있다.
　　封筒が<u>閉じてある</u>。　　　　봉투가 봉해져 있다.

　　유사의미 :「 – が　자동사ている」
　　まどが<u>閉まっている</u>。　　　창문이 닫혀 있다.
　　封筒が<u>閉じられている</u>。　　봉투가 봉해져 있다.

② 준비

　　문형 :「 – を　타동사 てある」
　　材料を<u>買ってある</u>。　　　　재료를 사 두었다.
　　内容を<u>教えてある</u>。　　　　내용을 가르쳐 두었다.

　　유사의미 :「 – を　타동사 ておいた」
　　材料を<u>買っておいた</u>。　　　재료를 사 두었다.
　　内容を<u>教えておいた</u>。　　　내용을 가르쳐 두었다.

❶ 다음 문을 해석하고 ~している형의 상적 의미를 쓰세요.

   1) 公園で本を読んでいる。

   ----

   2) 芝生に木の葉が落ちている。

   ----

   3) 毎朝ニュースを見ている。

   ----

   4) 材料をまだ買っていない。

   ----

❷ 다음 문의 상적 의미를 변화시켜 보세요.

   1) 太郎はサッカーをしている。

   ----

   2) 弟はニューヨークへ行っている。

   ----

   3) 人が死んでいる。

   ----

   4) 大きな声で歌っている。

   ----

❸ 유사한 의미를 나타내는 문으로 바꾸세요.

　1) 体が弱くなりつつある。

　--

　2) 路面電車が動きはじめた。

　--

　3) 食べやすいように、砕いてある。

　--

　4) わざとテーブルに置いてある。

　--

❹ 일본어다운 문장으로 작문하세요.

　1) 토론 과제인 그 책을 아직 안 읽었다.

　--

　2) 그 소설이라면 벌써 읽었다.

　--

　3) 언덕에 세워 두었던 트럭이 미끄러지기 시작했다.

　--

　4) 티켓은 내가 준비해 두었다.

　--

보이스(1) - 수동문

보이스란 무엇인가?

보이스(態, voice)는 어떤 객관적 사실(명제)을 나타내는 태도에 관한 문법범주이다. 즉 술어동사가 나타내는 동작의 주체와 대상 등 동작 참여자와 주어 및 보어 등의 문 요소와의 관계에 관한 문법카테고리이다.

보이스의 종류

① 좁은 의미의 보이스는 능동과 수동의 대립을 말한다.

② 넓은 의미의 보이스에는 능동문과 수동문의 대립, 자동사와 타동사의 대립, 사역문, 수수(授受)표현 등이 포함된다.

太郎が次郎を<u>なぐった</u>。	타로가 지로를 때렸다.
次郎が太郎に<u>なぐられた</u>。	지로가 타로에게 맞았다.
生徒が作文を<u>書いた</u>。	학생이 작문을 썼다.

先生が生徒に作文を<u>書かせた</u>。

　선생님이 학생에게 작문을 쓰게 했다.

先生が私に作文を<u>読んでくれた</u>。

　선생님이 나에게 작문을 읽어주었다.

私は先生に作文を<u>読んでもらった</u>。

　나는 선생님에게 작문을 읽어 받았다. (⇒ 읽어주었다)

수동문이란 무엇인가?

　어떠한 사태의 영향을 직접적 또는 간접적으로 받는 자를 주어 자리에 두는 문 형태를 수동문이라 한다. <직접수동문>의 경우 대립되는 능동문이 존재한다.

太郎が窓ガラスを<u>壊した</u>。　　타로가 유리창을 깼다.

窓ガラスが太郎に<u>壊された</u>。　유리창이 타로에게 깨어졌다.

수동형 만들기

		기본형	파생형식	수동형
5단동사	行く(いく)	ik-are-ru	いかれる
	読む(よむ)	yom-are-ru	よまれる
	話す(はなす)	hanas-are-ru	はなされる
	帰る(かえる)	kaer-are-ru	かえられる
1단동사	見る(みる)	mi-rare-ru	みられる
	着る(きる)	ki-rare-ru	きられる
	起きる(おきる)	oki-rare-ru	おきられる
	生きる(いきる)	iki-rare-ru	いきられる
불규칙동사	する	s-a-re-ru	される
	来る(くる)	ko-rare-ru	こられる

수동문의 종류

1 직접수동문

직접수동문은 동작주체와 대상을 취하는 타동사문에서만 만들어
지며 다음과 같은 특징을 보인다.

① 능동문의 대상이 수동문의 주어가 되고 능동문의 동작주체가 수
　동문의 보어가 된다.
② 동사가 수동형으로 파생된다.
③ 문장이 수동의 의미를 나타낸다.

太郎が次郎を<u>殴った</u>。　　タ로가 지로를 때렸다.

次郎が太郎に<u>殴られた</u>。　　지로가 타로에게 맞았다.

巨人が阪神を<u>破った</u>。　　거인이 한신을 깼다.

阪神が巨人に<u>破られた</u>。　　한신이 거인에게 깨졌다.

2 소유자수동문

　직접수동문과 같은 동작주체와 대상의 교체현상이 완벽하게 일어
나지는 않는다. 또한 수동문의 주어와 대상과의 사이에 소유관계가
존재한다.

　<u>僕</u>は知らない人に<u>頭</u>を叩かれた。 ← 知らない人が僕の頭を叩いた。
　└　소유관계　┘
　나는 모르는 사람에게 머리를 맞았다.

이 경우, 다음과 같은 수동문은 성립되지 않는다.

(×) 僕の頭が知らない人に叩かれた。

花子が太郎の作品を<u>非難した</u>。
　하나코가 타로의 작품을 비난했다.
太郎は花子から作品を<u>非難された</u>。
　타로는 하나코로부터 작품을 비난받았다.

　간접수동문은 타동사를 비롯하여 유생주어 자동사에서도 만들어
진다. 간접수동문은 일본어의 특징적인 문형으로 다른 언어에서는
수동문 형식이 아닌 다른 문형으로 표현되는 경우가 많다.

① 능동문에는 없던 참여자가 주어가 된다.
② 능동문의 동작주체는 보어가 된다.
③ '일어난 사태의 간접적인 영향을 받았다'는 의미가 되고 '피해를
　입었다'는 의미가 첨가되는 경우가 많다.

　　花子は赤ちゃんに<u>泣かれた</u>。　　하나코는 아기가 울어서 곤란했다.
　　　(赤ちゃんが<u>泣いた</u>)
　　(私は)雨に<u>降られた</u>。　　　　비를 맞았다.
　　　(雨が <u>降った</u>)
　　太郎は友だちに一等賞を<u>取られた</u>。　타로는 친구에게 일등상을 뺏겼다.
　　　(友だちが一等賞を<u>取った</u>)
　　太郎は兄にパンを<u>食べられた</u>。　타로는 형이 빵을 먹어버려서 화가 났다.
　　　(兄がパンを<u>食べた</u>)

　수동문의 주어가 비정물(非情物)인 경우 대응하는 능동문과의 대립
을 보이지 않는 경우가 있다. 다음과 같은 수동문은 동작주체를 특정
하기 어려운 사태를 나타내고 있어 수동문만 존재하는 문 형태로 볼
수 있다.

現代的なビルが 数多く 建てられた。

현대적인 빌딩이 수없이 지어졌다.

国会で法案が 可決された。

국회에서 법안이 가결되었다.

この家は、生け垣が 植えられている。

이 집은 담장용 나무가 심어져 있다.

児童公園に再生ゴムが 敷かれている。

놀이터에 재생고무가 깔려 있다.

1 수동문의 성립과 동사와의 관계

수동문의 성립 여부는 기본적으로 동사의 유형에 따라 정해져 있다.

		직접수동문		소유자수동문		간접수동문	
타동사	타동성 高	○	壊す, 殴る	○	踏む, 盗む	○	褒める, 取る
	타동성 低	×	-	○	読む, 食べる	○	書く, 歌う
자동사	유생주어	×	-	×	-	○	走る, 遊ぶ
	무생주어	×	-	×	-	×	-

弟が<u>上級生</u>に<u>殴られた</u>。　　　　　　(타동사 / 직접수동)

　동생이 상급생에게 맞았다.

(私はだれかに)足を<u>踏まれた</u>。　　　　(타동사 / 소유자수동)

　발을 밟혔다.

(私は姉に)日記を<u>読まれた</u>。　　　　　(타동사 / 소유자수동)

　언니가 일기를 읽어서 불쾌했다.

(私は)コーチに友達を<u>褒められた</u>。　　(타동사 / 간접수동)

　코치가 친구를 칭찬해서 섭섭했다.

(私は)友達にその歌を<u>歌われた</u>。　　　(타동사 / 간접수동)

　친구가 그 노래를 불러서 기분 나빴다.

(私は)友だちに先に走られた。　　　　　　(유생주어 자동사 / 간접수동)

친구가 앞서 달려가서 불쾌했다.

2　직접수동문과 간접수동문의 차이

직접수동문과 간접수동문은 다음과 같은 차이가 있다.

① 문장조작의 차이

직접수동문 : 능동문의 주어가 보어가 되고 ヲ격보어인 대상이 수동문의 주어가 된다.

太郎が次郎を殴った。　　　　　타로가 지로를 때렸다.

次郎が太郎に殴られた。　　　　지로가 타로에게 맞았다.

간접수동문 : 능동문에 없던 사람이 수동문의 주어가 된다.

次郎が優勝した。　　　　　　　지로가 우승했다.

太郎は次郎に優勝された。　　　타로는 지로에게 우승당했다.
　　　　　　　　　　　　　　　(타로는 지로가 우승해서 분했다.)

② 의미의 차이

간접수동문은 일본어에만 있는 독특한 수동문으로 주어가 간접적으로 어떠한 영향, 주로 피해를 입었다는 의미가 첨가되기 때문에 피해수동(めいわくの受身)으로 불리기도 한다.

雨に降られた。　　　　비가 와서 비를 맞았다.

親に死なれた。　　　　부모님이 돌아가셔서 곤란했다.

ピアノを弾かれた。　　피아노를 쳐서 시끄러웠다.

3 수동문의 동작주 마커(marker)

수동문이 되면 능동문의 주어인 동작주는 격조사 「に」로 표시하
거나 그 외에 「によって」나 「から」로 나타낸다.

① **から격을 취하는 경우** : 동사가 방향성을 갖는 경우에 쓴다.

花子は毎週母から野菜を送られる。

　하나코는 매주 엄마에게 야채를 보내 받는다.

母の交通事故のことは警察から伝えられた。

　어머니의 교통사고에 관해서는 경찰로부터 전달받았다.

② **に・から격이 함께 쓰이는 경우** : 사람을 동작의 대상으로 하는
경우 둘 다 쓸 수 있다.

花子は両親に愛された。

　하나코는 부모님께 사랑받았다.

花子は両親から愛された。

　하나코는 부모님으로부터 사랑받았다.

太郎は生徒たちに尊敬されている。

　타로는 학생들에게 존경받고 있다.

太郎は<u>生徒たちから</u>尊敬されている。

　타로는 학생들로부터 존경받고 있다.

　그 밖에도, 「誘う, 助ける, 招待する, 憎む」 등의 동사도 동작주를 「に/から」로 표시할 수 있다.

③ **によって격을 취하는 경우** : 동작의 결과 무언가 만들어지는 창
　조동사는 수동문의 동작주격으로 「によって」를 취한다.

小説'キッチン'は<u>吉本バナナによって</u>書かれた。

　소설 키친은 요시모토 바나나에 의해서 쓰여졌다.

この料理は<u>シェフによって</u>作られた。

　이 요리는 셰프에 의해서 만들어졌다.

❶ 다음 능동문을 수동문으로 만드세요.

1) 先生は吉本君をほめた。

----

2) 中田さんは彼女にプレゼントを贈った。

----

3) 知らない人が僕の足を踏んだ。

----

4) 村上春樹がこの小説を書いた。

----

❷ 수동문 안에 있는 능동문을 찾아내세요.

1) 昨日は次から次へと近所の人に来られて、何も出来なかった。

----

2) 冷たい風に吹かれて、風邪をひいてしまった。

----

3) 奥さんに死なれて、一人で暮している。

----

4) せっかくのピクニックが、雨に降られてさんざんだった。

----

❸ 다음 문장을 해석하고 다른 종류의 수동문을 하나 고르세요.

  1) (私は) 犬に足をかまれた。

     ----

  2) (私は) 赤ちゃんに泣かれた。

     ----

  3) (私は) スリに財布をとられた。

     ----

  4) (私は) 友達に頭をなぐられた。

     ----

❹ 일본어다운 문장으로 작문하세요.

  1) 아침밥을 안 먹어서 어머니에게 꾸중을 들었다.

     ----

  2) 금각사는 1397년에 세워졌다.

     ----

  3) 동시에 세 명이나 결근해서 곤란했다.

     ----

  4) 어젯밤에 친구가 갑자기 찾아와서 공부를 못했다.

12장

보이스 (2) – 사역문 · 사역수동문

사역문

1 사역문이란 무엇인가?

사역주가 지시 등의 간접행위를 하여 피사역자로 하여금 어떠한 동작을 하게 함으로써 사역주의 의도한 바를 달성하는 사태를 나타내는 문을 사역문이라 한다. 기본문의 동작주가 피사역자로서 に격보어 자리로 이동하고 기본문에는 없던 존재가 사역문의 주어가 된다.

사역문은 다음과 같이 기본문의 사태를 사역문이 내포하는 구조이다.

[사역주 が [동작주 が　V する] サセル]
⇒ [사역주 が 피사역자(동작주) に/を　V サセル]

[先生ガ [リエがピアノを弾く] サセル]
⇒ 先生がリエにピアノを<u>弾かせる</u>。
선생님이 리에에게 피아노를 치게 한다.

	기본형	파생형식	사역형
5단동사	行く(いく)	ik-ase-ru	いかせる
	読む(よむ)	yom-ase-ru	よませる
	話す(はなす)	hanas-ase-ru	はなさせる
	帰る(かえる)	kaer-ase-ru	かえらせる
1단동사	見る(みる)	mi-sase-ru	みさせる
	着る(きる)	ki-sase-ru	きさせる
	起きる(おきる)	oki-sase-ru	おきさせる
	生きる(いきる)	iki-sase-ru	いきさせる
불규칙동사	する	s-a-se-ru	させる
	来る(くる)	ko-sase-ru	こさせる

3 　사역문의 종류

사역문은 다양한 의미·용법을 나타내며, 전형적인 사역문과 비전형적인 사역문으로 나눌 수 있다.

1) 전형적인 사역문

사역주의 간접적인 행위에 따라 피사역자(동작주)가 어떠한 행위를 함으로써 사역주가 의도한 바를 달성하는 뜻을 나타낸다. <지시사역> <허가사역> <방임·방치사역>이 있다.

① **지시사역** : 사역주가 주로 언어적 행위를 통하여 피사역자로 하여금 사역주가 이루고자 하는 행위를 지시한다.

先輩が後輩に椅子を<u>運ばせた</u>。　　선배가 후배에게 의자를 나르게 했다.

兄が弟にギターを<u>弾かせた</u>。　　형이 동생에게 기타를 치게 했다.

② **허가사역** : 피사역자가 원하는 사태를 사역주가 허가하는 입장에
있다는 뜻을 나타낸다.

先生が僕にあいさつの言葉を<u>読ませて</u>くださった。
　선생님이 나에게 인사말을 읽게 해 주셨다.
父が私を日本へ語学研修に<u>行かせて</u>くれました。
　아버지가 나를 일본으로 어학연수를 보내 주었습니다.

③ **방임 · 방치사역** : 지시사역, 허가사역과는 달리 피사역자의 행위
가 먼저 일어났고 사역주가 그 행위의 지속을 막지 않는다는 뜻
을 나타낸다.

私はだまって友達に<u>しゃべらせて</u>おいた。
　나는 잠자코 친구에게 이야기하도록 해 두었다.
母は子供に夜10時までゲームを<u>やらせて</u>おいた。
　어머니는 아이에게 밤 10시까지 게임을 하게 내버려 두었다.

2) 비전형적인 사역문

　전형적인 사역문과는 달리 사역주의 실질적인 행위 자체가 존재하
지 않거나 사역주가 직접적인 동작을 행하는 뜻을 나타내는 경우를
비전형적 사역이라 한다. <비사역행위의 사역> <직접적 사역행위의
사역> <조작사역> <원인사역>이 있다.

① **비사역행위** : 실질적인 사역행위가 없으나 그 사역사태의 책임이 사역주에 있음을 나타낸다.

交通事故で子供を<u>死なせて</u>しまった。
　교통사고로 아이를 죽게 만들었다.
私の力が及ばなかったために、あなたに<u>やらせる</u>結果になってしまった。
　내 실력이 모자랐기 때문에 당신에게 시키는 결과가 되어 버렸다.

② **직접적 사역행위** : 사역주의 행위가 직접동작의 형태를 띄고 직접사역이라고도 한다.

子供に帽子を<u>被せて</u>出かけた。　아이에게 모자를 씌워서 외출했다.
熱を出した子供をベッドに<u>寝かせた</u>。
　열이 난 아이를 침대에 눕혔다.

③ **조작사역** : 사역주의 행위가 타동사의 직접동작과 거의 유사하다.

僕は車を<u>走らせて</u>、家へ急いだ。
　나는 차를 달려서 집으로 서둘렀다.
子供たちが紙飛行機を<u>飛ばせて</u>遊んでいる。
　아이들이 종이비행기를 날리며 놀고 있다.

④ **원인사역** : 사역주가 사물인 경우 원인사역의 의미로 해석된다.

先生の怒った声が太郎を<u>こわばらせた</u>。
　선생님의 화난 목소리가 타로를 경직하게 만들었다.

その知らせが姉をおどろかせた。

그 소식이 언니를 놀라게 했다.

사역수동문

자신의 의지가 아닌 다른 사람의 영향에 의해 어쩔 수 없이 하게 된 행위를 나타낸다.

上司に書類のコピーまでさせられた。

상사명령으로 할 수 없이 서류 복사까지 했다.

一時間も外で待たせられた。　　한 시간이나 밖에서 기다렸다.

むりやり歌を歌わせられた。　　억지로 노래를 불렀다.

일부 동사는 축약형을 만들 수 있다.

	させられる형	축약형
食べる	食べさせられる	-
来る	来させられる	-
する	させられる	-
読む	読ませられる	読まされる
行く	行かせられる	行かされる
飲む	飲ませられる	飲まされる
歌う	歌わせられる	歌わされる
やる	やらせられる	やらされる

1 비사역행위의 사역문

이 사역용법은 사역문의 간접성에서 유래하는 용법이라고 할 수 있다. 즉 사역주의 간접적 행위가 더욱 진전되어 실제로는 아무 행위를 하지 않았으나 적극적으로 피사역자에게 일어나는 사태를 막지 않았다는 것을 나타내고 있다.

事故で息子を<u>死なせた</u>。　　사고로 아들을 죽게 했다.
事故で息子に<u>死なれた</u>。　　사고로 아들이 죽어서 슬프다.

「死なせた」 문의 경우 위의 간접수동문과 객관적으로는 동일한 사태를 나타내고 있다. 그러나 사역문의 경우가 아들이 죽은 사태에 대하여 책임감을 느낀다는 뉘앙스가 강한 반면, 간접수동문의 경우는 아들이 죽음으로 인하여 슬픔에 빠져 있다는 의미를 나타내고 있다.

2 단형사역과 장형사역

일본어의 「着させる」는 '입게 하다'라는 의미와 '입히다'라는 의미를 모두 나타낼 수 있다. 이 중 '입히다'의 의미일 때 「着せる」를 사용할 수도 있다. 사역주의 행위가 간접적 행위를 나타낸다고 보면, 「着せる」의 사역주의 행위는 직접적 행위의 성격을 띠므로 비전형

적 사역의 의미를 나타낸다고 할 수 있다. 사역주의 직접행위를 나타
내는 「着せる」 계열을 <단형사역>이라고도 하며, 이 타입은 일부
동사에서만 만들어 진다. 이에 반하여 「着させる」 계열은 <장형사
역>이라 하는데, 장형사역문은 대부분의 동사에서 파생된다.

① **단형사역** : 일부 특수한 동사에서만 단형사역이 파생되며, 이 동
   사는 단형사역 뿐만 아니라 장형사역도 만들 수 있다.

> 着せる(입히다), 浴びせる(뒤집어씌우다), 乗せる(태우다),
> 食わす(먹이다), 飲ます(먹이다) 등

母が赤ちゃんに服を<u>着せる</u>。　엄마가 아기에게 옷을 입힌다.
母が赤ちゃんにミルクを<u>飲ます</u>。　엄마가 아기에게 우유를 먹인다.

② **장형사역** : 단형사역을 만드는 동사에서는 물론 대부분의 동사에
   서 파생된다.

> 着させる(입게 하다), 浴びさせる(뒤집어쓰게 하다),
> 乗らせる(타게 하다), 食べさせる(먹게 하다),
> 飲ませる(마시게 하다), 運ばせる(운반하게 하다),
> 切らせる(자르게 하다), 行かせる(가게 하다),
> 読ませる(읽게 하다) 등

母が子供に三時におやつを<u>食べさせる</u>。

　엄마가 아이에게 3시에 간식을 먹게 한다.

母が子供を英会話スクールに<u>行かせる</u>。

　엄마가 아이에게 영어회화학원에 가게 한다.

母が子供に英語の絵本を<u>読ませる</u>。

엄마가 아이에게 영어 그림책을 읽게 한다.

3 사역문의 성립과 동사와의 관계

동사의 유형에 따라 사역문의 성립이 제한되는 경우가 있다.

		장형사역문		단형사역문		사역수동문의 축약형	
타동사	타동성 高	○	投げる, 運ぶ	×	-	×	-
	타동성 低	○	読む, 考える	○	食べる, 聞く	○	書く, 歌う
자동사	유생주어	○	歩く, 立つ	○	歌う, あそぶ	○	走る, 行く
	무생주어	△	固まる, くさる	×	-	×	-

무생주어 자동사 중에서 대응하는 타동사 짝을 갖지 않는 경우, 타동사 대신 자동사의 사역형이 이를 대체하여 쓰일 수 있다.

4 を형 사역문과 に형 사역문

기본문이 자동사문인 경우 사역문의 피사역자 마커(marker)는 「に」와 「を」 모두 가능하다. 자동사문은 を격보어를 취하지 않으므로 피사역자를 を격으로 표시할 수 있는 것이다. 그러나 <を형 사역문>과 <に형 사역문> 사이에는 의미 차이가 인정되는데, 이러한 의미의 차이는 を격보어의 대상격으로서의 성질에서 유래한다고 볼 수 있다.

① **を형 사역문** : 사역주의 행위가 강제성을 띤다는 의미가 함의된다.

コーチが<u>太郎を</u>一時間走らせた。　코치가 타로를 한 시간 달리게 했다.
母がいやがる<u>花子を</u>歩かせた。　엄마가 싫다는 하나코를 걷게 했다.
母がいやがる<u>花子に</u>歩かせた。　(×)

② **に형 사역문** : 피사역자의 의지를 존중하는 의미가 함의된다.

コーチが<u>太郎に</u>運転させた。
　코치가 타로에게 운전을 하게 했다.
<u>母が</u><u>花子に</u>気が済むまで歩かせた。
　엄마가 하나코에게 원하는 만큼 걷게 했다.
　　⇒ 피사역자인 하나코가 원하는 만큼의 의미
<u>母が</u><u>花子を</u>気が済むまで歩かせた。
　엄마가 하나코에게 원하는 만큼 걷게 했다.
　　⇒ 사역주인 엄마가 원하는 만큼의 의미

❶ 다음 사역문의 기본문을 찾아내세요.

1) ちょっと考えさせてください。

----

2) 先生は生徒たちを二階へ上がらせた。

----

3) ここは私に払わせてください。

----

4) 人を悲しませるようなことはやめてください。

----

❷ 다음 두 문장이 나타내는 사태를 사역문으로 만들어 보세요.

1) 生徒たちが本を読んだ。 先生が指示した。

----

2) 娘が遊んでいる。 お母さんが、そのままにしておいた。

----

3) 赤ちゃんがミルクを飲んだ。お母さんが、飲めるように手伝っ
てあげた。

----

4) 太郎が留学に行った。お父さんが、それを許した。

----

❸ 다음 문장을 해석하고 다른 종류의 사역문을 하나 고르세요.

1) 娘をアメリカに留学させる。

----

2) 暫く考えさせてください。

----

3) 好きなだけ踊らせておけばいい。

----

4) 子供の顔を洗ってあげ、パジャマを着せた。

----

❹ 일본어다운 문장으로 작문하세요.

1) 그 일은 부하에게 바로 조사시키겠습니다.

----

2) 엄마가 아이에게 3시에 간식을 먹게 했다.

----

3) 타로는 상사로부터 억지로 그 일을 맡도록 강요받았다.

----

4) 코치가 지쳐 있는 선수를 더 달리게 했다.

현대 일본어 문법

13장 보이스 (3) – 가능문 · 자발문

가능문

1 가능문이란 무엇인가?

가능문이란 주어가 일시적 상태 또는 항시적(恒時的)인 능력으로써 어떠한 행위·동작이 가능한 상태에 있음을 나타내는 문법카테고리이다. 가능문을 만드는 방법에는 동사의 파생에 의한 방법, 복합동사에 의한 방법, 우언적(迂言的) 표현에 의한 방법이 있다.

ももこはフランス語が<u>読める</u>。

　모모꼬는 프랑스어를 읽을 수 있다.

そういうことも<u>考え得る</u>。

　그런 일도 생각할 수 있다.

ミンスは漢字を<u>書くことができる</u>。

　민수는 한자를 쓸 수 있다.

① 가능형 파생

	가능동사		
	行く	ik-e-ru	いける
5단동사	読む	yom-e-ru	よめる
	話す	hanas-e-ru	はなせる
	帰る	kaer-e-ru	かえれる
	見る	mi-rare-ru	みられる
1단동사	着る	ki-rare-ru	きられる
	起きる	oki-rare-ru	おきられる
	生きる	iki-rare-ru	いきられる
불규칙동사	する	-	(出来る)
	来る	ko-rare-ru	こられる

② ～し得る

'읽을 수 있다'는 「読める」, 「読み得る」, 「読むことができる」와 같이 세 가지 표현으로 나타낼 수 있는데 「読み得る」와 같은 복합동사 형태는 문어적 표현이다. 능력을 나타내는 경우에는 쓸 수 없다는 제한이 있다.

そういうふうにも<u>考え得る</u>。	그런 식으로도 생각할 수 있다.
それは<u>あり得ない</u>ことだ。	그것은 있을 수 없는 일이다.
ミカちゃんはドイツ語が<u>話せる</u>。	미카는 독일어를 할 수 있다.
ミカちゃんはドイツ語が<u>話し得る</u>。(×)	

③ **することができる**

　'~할 수가 있다'에 대응하는 표현으로 대부분의 동사에서 만들어진다.

　　いつでも<u>帰る</u>ことができる。　　　언제든지 돌아갈 수 있다.
　　まゆみは<u>車を運転</u>することができる。마유미는 차를 운전할 수 있다.
　　三時間続けて<u>勉強</u>することができる。

　　　　　　　　　　　　　　　세 시간 계속해서 공부할 수 있다.

　동작성의 의미를 지닌 명사는 축약형태의 가능표현이 가능하다.

　　まゆみは<u>車の運転</u>ができる。　　　마유미는 차를 운전할 수 있다.
　　よしゆきは<u>パソコン</u>ができる。　　요시유키는 컴퓨터를 할 수 있다.
　　<u>一郎は野球</u>ができる。　　　　　　이치로는 야구를 할 수 있다.

자발문

1　자발문이란 무엇인가?

　자발(自發)이란 어떠한 사태·행위 등이 저절로 일어나는 것을 나타낸다. 파생이라는 관점에서 보면 생산적인 문법범주는 아니라고 할 수 있다.

　　<u>夏休みが待たれる</u>。　　　여름방학이 기다려진다.
　　<u>心暖かく感じられる</u>。　　마음 훈훈하게 느껴진다.
　　そのドラマは<u>泣ける</u>。　　그 드라마는 절로 눈물이 난다.

① 자발동사

	자 발 동 사			의 미
5단동사	思う	omow-are-ru	おもわれる	생각나다
	思い出す	omoidas-are-ru	おもいだされる	생각이 떠오르다
	偲ぶ	sinob-are-ru	しのばれる	그리워지다
1단동사	案じる	anji-rare-ru	あんじられる	걱정되다
	忘れる	wasure-rare-ru	わすれられる	잊혀지다
	感じる	kanji-rare-ru	かんじられる	느껴지다
불규칙 동사	安心する	ansin-sare-ru	あんしんされる	안심되다
	心配する	sinpai-sare-ru	しんぱいされる	걱정되다

② 가능동사 형식의 자발동사

5단동사의 일부에서 파생된다.

파 생		의 미	파 생		의 미
抜く	ぬける	빠지다	泣く	なける	울음이 나다
笑う	わらえる	웃음이 나다	割る	われる	깨지다
破る	やぶれる	패하다	焼く	やける	구워지다

1 가능동사의 축약형

　1단동사의 가능형은 られる형에서 れる형으로 변화하고 있는 과정에 있는 말이다. 이 가능형을 「らぬきことば」라고도 한다. 변화의 초기 단계에서는 れる형은 1단동사의 일부에서만 가능하다거나 회화체 또는 젊은 층에서만 사용된다고 지적되었으나, 최근에는 대부분의 1단동사에서 파생이 허용되고 연령층에 관계없이 널리 쓰이는 경향을 보인다.

		가능형의 변화		
	기본형	활용형 1	활용형 2	활용형 3
5단동사	読む	よまれる→	よめる	よめる
	行く	いかれる→	いける	いける
1단동사	見る	みられる	みられる ⋯→	みれる
	食べる	たべられる	たべられる ⋯→	たべれる
불규칙동사	来る	こられる	こられる ⋯→	これる

2 가능문의 문형

가능문은 다음과 같은 문형으로 표현된다.

① ~は ~が Vレル

　　私は日本語が話せる。　　　　　나는 일본어를 할 수 있다.

　　太郎は水泳が出来る。　　　　　타로는 수영을 할 수 있다.

② ~には ~が Vレル

　　私には日本語が分かる。　　　　나는 일본어를 이해할 수 있다.

　　花子には中国語が読めない。　　하나코는 중국어를 읽을 수 없다.

③ ~が ~を Vレル

　　私が日本語を話せる。　　　　　내가 일본어를 할 수 있다.

　　太郎がこの問題を解ける。　　　타로가 이 문제를 풀 수 있다.

④ ~は ~に Vレル

　　私は自転車に乗れる。　　　　　나는 자전거를 탈 수 있다.

　　花子は学校に一人で行ける。　　하나코는 학교에 혼자 갈 수 있다.

3 가능문과 상태 술어화

　동사문은 일부 상태를 나타내는 동사를 제외하면 대부분 동작성 술어가 되는데 가능문이 되면 모든 문은 상태성 술어가 되어 의미적 특징이 변한다. 상태 술어화가 되면 시제와 조건문 등에서 동작성 술어일 때와는 다른 현상을 보인다.

① 기본형의 시제가 미래에서 현재를 나타낼 수 있게 된다.

その本を<u>読む</u>よ。　　　　　<미래시제> 그 책을 읽을 거야.

　→　その本が<u>読める</u>よ。　　<현재시제> 그 책을 읽을 수 있어.

ボールを<u>投げる</u>ね。　　　　<미래시제> 공을 던질게.

　→　ボールが<u>投げれる</u>よ。　<현재시제> 공을 던질 수 있어.

② 조건절 ば형과 と형의 상태성 술어 제한

<u>ソウルに行くと</u>、ミョンドンに<u>行きたい</u>。(×)

　<동작성 술어>　　　　　　<희망>

　→　ソウルに<u>行ければ</u>、ミョンドンに<u>行きたい</u>。(○)

　　　서울에 갈 수 있다면 명동에 가고 싶다.

<u>その本を読めば</u>、この本を<u>読みなさい</u>。(×)

　<동작성 술어>　　　　　<명령/권유>

　→　その本が<u>読めれば</u>、この本を<u>読みなさい</u>。(○)

　　　그 책을 읽을 수 있다면 이 책을 읽으세요.

❶ 다음을 만들수 있는 모든 형태의 가능문으로 바꾸세요.

1) 太郎が作曲する。

   ----

2) 花子がスペイン語を読む。

   ----

3) みなこが運転する。

   ----

4) さとしが山に登る。

   ----

❷ 주어진 단어를 이용하여 자발문을 만드세요.

1) 子供の時のこと, 思い出す

   この写真を見ていると、________________________________

2) ふるさとの母のこと, 案じる

   ----

3) この芝居, 泣く

   ----

4) 新製品の発売, 待つ

____

❸ 틀린 곳을 찾아내어 바르게 고치세요.

1) さとしは、難しい問題でも、なんなく解ける。

____

2) ゆりこは、パソコンが使い得る。

____

3) さなえは、三時間練習をできる。

____

4) けんはアメリカの友だちのことを案じられる。

____

❹ 일본어다운 문장으로 작문하세요.

1) 진희는 초밥을 먹지 못 한다.

____

2) 진수는 새해에는 새 가게를 개업할 수 있다.

____

3) 왠지 친구는 아프지 않나 하는 생각이 든다.

____

4) 생각할 수 있는 모든 방법으로 돕겠다.

____

현대 일본어 문법

14장

보이스 (4) – 수수표현

수수표현이란 무엇인가?

수수표현은 동사 「やる(あげる), くれる, もらう」로 표현되거나 보조동사 「~してやる(あげる), ~してくれる, ~してもらう」로 표현된다. 수수동사문은 물건을 주고 받는 표현이고 보조동사문은 은혜(恩惠) 행위의 수수를 표현하는 문이다.

妹が友だちにノートを<u>あげた</u>。　동생이 친구에게 노트를 주었다.
先生が妹に絵本を<u>くれた</u>。　선생님이 동생에게 그림책을 주었다.
妹は先生に絵本を<u>もらった</u>。　동생은 선생님에게 그림책을 받았다.

妹が友だちにノートを<u>書いてあげた</u>。
　동생이 친구에게 노트를 적어 주었다.
先生が僕に絵を<u>ほめてくれた</u>。
　선생님이 나에게 그림을 칭찬해 주었다.
僕は先生に絵を<u>ほめてもらった</u>。
　나는 선생님에게 그림을 칭찬 받았다.

1 　물건 혹은 은혜행위의 방향에 따른 분류

　일본어는 한국어와는 달리, 물건의 수수(授受)나 행위의 수수가 이루어질 때, 화자(話者)를 기준으로 이동방향에 따라 다른 표현을 사용한다. 즉 화자로부터 멀어지는 이동은 あげる계열의 표현을, 화자에게로 향하는 이동은 くれる계열의 표현을 사용하여야 한다.

① **やる・あげる ／ ~してやる・~してあげる**

　화자로부터 제삼자 방향으로 물건이나 행위가 이동할 경우에 쓴다.

화자	⇒	제삼자
화자 쪽 인물	⇒	제삼자
제삼자	⇒	제삼자

私が弟におもちゃを<u>あげた</u>。	내가 동생에게 장난감을 주었다.
妹が友達におもちゃを<u>あげた</u>。	동생이 친구에게 장난감을 주었다.
花子が友達にお花を<u>あげた</u>。	하나코가 친구에게 꽃을 주었다.
私が猫にえさを<u>やった</u>。	내가 고양이에게 먹이를 주었다.

私が弟におもちゃを<u>直してあげた</u>。

　내가 동생에게 장난감을 고쳐 주었다.

弟が友達に絵を<u>描いてあげた</u>。

　동생이 친구에게 그림을 그려 주었다.

いさおが友達におもちゃを作ってあげた。

　이사오가 친구에게 장난감을 만들어 주었다.

私が猫にえさを作ってやった。

　내가 고양이에게 먹이를 만들어 주었다.

② **くれる・~してくれる**

　화자나 화자에 가까운 사람에게로 물건이나 행위가 이동할 경우에 쓴다.

제삼자　⇒　화자

제삼자　⇒　화자의 가족

제삼자　⇒　제삼자 – 화자가 친근하게 느끼는 인물

いさおが僕にボールをくれた。

　이사오가 나에게 공을 주었다.

いさおが弟にボールをくれた。

　이사오가 동생에게 공을 주었다.

いさおがももこに本をくれた。

　이사오가 모모코에게 책을 주었다.

　(화자가 모모코를 더 친근하게 느끼는 경우)

えりこが私に化粧をしてくれた。

　에리코가 나에게 화장을 해 주었다.

えりこが妹に服を着せてくれた。

　에리코가 동생에게 옷을 입혀 주었다.

えりこがななこにお花を買ってくれた。

에리코가 나나코에게 꽃을 사 주었다.

(화자가 나나코를 더 친근하게 느끼는 경우)

수수표현은 사태의 행위자를 주어로 표시하면 くれる형으로 표현하고, 행위자를 보어로 표시하면 もらう형으로 표현하므로 두 문형은 보이스의 대립을 보인다고 할 수 있다.

① くれる・~してくれる

물건을 주거나 행위를 한 사람이 주어가 되므로 능동문의 형식과 같다.

父が私にお小遣いをくださった。

아버지가 나에게 용돈을 주었다.

先輩が私にバイト先を紹介してくれた。

선배가 나에게 아르바이트 할 곳을 소개해 주었다.

② もらう・~してもらう

물건을 받거나 행위를 받는 사람이 주어가 되므로 수동문의 형식과 같다.

私は父からお小遣いをもらった。

아버지로부터 용돈을 받았다.

私は先輩からバイト先を紹介してもらった。

나는 선배에게 아르바이트 할 곳을 소개받았다.

1 수수표현의 경어표현

수수표현의 보조동사가 바뀌어 경어표현이 된다.

① **やる・あげる계열** : 「やる」는 현재는 동식물 또는 아랫사람에게
  주는 행위를 나타낼 때만 쓰이고, 통상적인 보통체는 「あげる」
  이다. 겸양어인 「さしあげる」로 경어표현을 만든다.

後輩に講義ノートを<u>あげた</u>。	후배에게 강의노트를 줬다.
先輩に講義ノートを<u>さしあげた</u>。	선배에게 강의노트를 드렸다.
後輩に講義ノートを<u>書いてあげた</u>。	후배에게 강의노트를 써 줬다.
先輩に講義ノートを<u>書いてさしあげた</u>。	

  선배에게 강의노트를 써 드렸다.

② **くれる계열**

同僚が資料を<u>くれた</u>。	동료가 자료를 주었다.
係長が資料を<u>くださった</u>。	계장님이 자료를 주셨다.
同僚が資料を<u>集めてくれた</u>。	동료가 자료를 수집해 주었다.
係長が資料を<u>集めてくださった</u>。	계장님이 자료를 수집해 주셨다.

③ **もらう計열**

　　妹にバナナを<u>もらった</u>。　　　　　동생에게 바나나를 받았다.

　　隣の人にバナナを<u>いただいた</u>。　　옆 사람에게 바나나를 받았다.

　　妹にバナナを<u>買ってもらった</u>。　　동생에게 바나나를 사 받았다.

　　隣の人にバナナを<u>買っていただいた</u>。

　　　옆 사람에게 바나나를 사 받았다.

2　사역적 してもらう문

　してもらう문은 동사가 사역형으로 파생되지 않으면서도 표현적으로 사역의 의미를 나타내는 경우가 있다. 이 문형은 사역문으로 전환해도 문이 성립함을 알 수 있다.

私は弟にカバンを<u>運んでもらった</u>。

　　나는 동생에게 가방을 옮겨 받았다. (동생이 옮겨주었다)

　　⇒ 私は弟にカバンを<u>運ばせた</u>。　나는 동생에게 가방을 옮기게 했다.

私は兄に出前を<u>取ってもらった</u>。

　　나는 형에게 음식을 시켜 받았다. (형이 음식을 시켜주었다)

　　⇒ 私は兄に出前を<u>取らせた</u>。　나는 형에게 음식을 시키게 했다.

私は店員に商品を<u>並べてもらった</u>。

　　나는 점원에게 상품을 진열해 받았다. (점원이 상품을 진열해주었다)

　　⇒ 私は店員に商品を<u>並べさせた</u>。　나는 점원에게 상품을 진열시켰다.

3　수동적 してもらう문

　してもらう문은 동사가 수동형으로 파생되지 않으면서도 표현적으로 수동의 의미를 나타내는 경우가 있다. 이 문형은 수동문으로 전환해도 문이 성립함을 알 수 있다. 수수문일 때는 주어가 은혜를 입었다는 의미를 표현하고, 수동문일 때는 주어가 피해를 입었다는 의미를 표현한다.

　私は母に野菜を<u>送って</u>もらった。

　　나는 어머니에게 야채를 보내 받았다.

　　⇒ 私は母に野菜を<u>送られた</u>。

　　　나는 어머니가 야채를 보내주셔서 곤란했다.

　私はコーチにボールを百個も<u>投げて</u>もらった。

　　나는 코치에게 공을 백 개나 던져 받았다.

　　⇒ 私はコーチにボールを百個も<u>投げられた</u>。

　　　나는 코치가 공을 백 개나 던져줘서 힘들었다.

　私は友達にゆうこの住所を<u>調べて</u>もらった。

　　나는 친구에게 유우코 주소를 조사해 받았다.

　　⇒ 私は友だちにゆうこの住所を<u>調べられた</u>。

　　　나는 친구가 유코 주소를 조사해서 피해를 입었다.

4　명령의 してもらう문

　してもらう문은 명령에 가까운 의미를 나타내는 경우도 있다.

みなさんには、レポートを<u>出してもらいます</u>。

　여러분에게 리포트를 내 받겠습니다.　→　리포트를 내세요

これ<u>以上</u><u>文句</u>ばっかり言うと、<u>帰ってもらいます</u>。

　더 이상 불평을 하면, 돌아가 받겠습니다.　→　돌아가세요

いいわけでも<u>言ってもらおうか</u>。

　변명이라도 해 받을까?　→　변명이라도 해 봐라.

5　させてもらう문

　동사를 사역형으로 바꾼 후 다시 してもらう형으로 하면 정중한 주어의 행위를 나타낸다. 공식적 코멘트로 널리 쓰여 형식화되어 있는 표현이 많이 있다.

これから<u>発表</u>を<u>始めさせていただきます</u>。

　지금부터 발표를 시작하겠습니다.

これで<u>会議</u>を<u>終わらせていただきます</u>。

　이것으로 회의를 마치도록 하겠습니다.

<u>自分</u>で<u>読ませていただいても</u>よろしいでしょうか。

　제가 읽어도 괜찮으시겠습니까?

<u>一汗</u><u>かかせていただきます</u>。

　땀을 흠뻑 흘릴만큼 열심히 하겠습니다.

❶ 다른 수수표현으로 바꾸세요.

1) お店の人が私に道を教えてくれた。

   ----

2) 母が子供に絵本を読んであげた。

   ----

3) 私は父から小遣いをいただいた。

   ----

4) 先生が妹をほめてくださった。

   ----

❷ 다음 문을 사역문, 수동문 또는 명령문으로 바꿔보세요.

1) 私は友達に就職先を調べてもらった。

   ----

2) 私は弟に肩を叩いてもらった。

   ----

3) 私は兄に宿題をしてもらった。

   ----

4) 答えを五分以内に話していただきます。

   ----

❸ 문의 두 참여자 중 화자와 가까운 사람을 유추해 보세요.

1) 花子がさとしにみかんを送ってくれた。

　______________________________________

2) 太郎が一郎に手紙を書いてあげた。

　______________________________________

3) 東京君は大阪君に数学を教えてもらった。

　______________________________________

4) 父が母に旅行券をプレゼントしてくれた。

　______________________________________

❹ 일본어다운 문장으로 작문하세요.

1) 선생님이 영작문을 칭찬해 주셨다.

　______________________________________

2) 친구에게 시합에 이겨서 탄 상품을 보내 받았다.

　______________________________________

3) 하루 빨리 낫기를 바랍니다.

　______________________________________

4) 이번에는 제가 말씀드리겠습니다.

　______________________________________

모달리티 - 문말표현

모달리티란 무엇인가?

모달리티(modality)란 서법(叙法)이라고도 하며 문이 나타내는 객관적 사실에 대하여 화자가 어떠한 태도를 취하는가에 관련된 문법 범주이다. 화자는 사실을 단정적으로 파악하기도 하지만, 비단정적으로 파악하는 경우도 많아 다양한 비단정적인 태도를 나타내는 말이 발달되어 있다. 이러한 화자의 태도를 나타내는 말은 일본어의 경우 문말에 나타나기 때문에 다양한 문말표현이 발달되어 있다.

모달리티의 종류

모달리티는 단정(断定) 표현과 비단정(非断定) 표현으로 나뉜다. 비단정표현은 다시 추측표현 유형과 추정표현 유형으로 나뉘는데, 각 유형에는 다양한 표현이 존재한다.

단정표현은 술어의 형식에 따라 다음과 같이 표현된다.

① **동사문** : 기본형 및 부정형, 과거형, 과거부정형과 각각의 정중형
으로 단정의 의미를 나타낸다.

花子は大学に行く / 行きます。
花子は大学に行かない / 行きません。
花子は大学に行った / 行きました。
花子は大学に行かなかった / 行かなかったです。

② **い형용사문**

大阪は暑い / 暑いです。
大阪は暑くない / 暑くないです。
大阪は暑かった / 暑かったです。
大阪は暑くなかった / 暑くなかったです。

③ **な형용사문과 명사문**

大阪はにぎやかだ / にぎやかです。
大阪はにぎやかだった / にぎやかだったです。
大阪はにぎやかではない / にぎやかではないです。
大阪はにぎやかではなかった / にぎやかではなかったです。

東京は雨だ / 雨です。

東京は雨だった / 東京は雨だったです。

東京は雨ではない / 雨ではないです。

東京は雨ではなかった / 雨ではなかったです。

2 비단정표현

비단정표현은 먼저 추측표현과 추정표현으로 나누어진다. 두 표현의 큰 차이는 추측표현이 근거없이 단순히 추측하는 표현인 반면 추정표현은 화자가 어떠한 근거를 갖고 추정하는 표현이라는 점이다.

① **추측표현** : 특정의 근거가 없다.

  1) だろう : ~일 것이다
    太郎は行くだろう。   타로는 갈 것이다.
    明日は晴れるだろう。   내일은 맑을 것이다.

  2) にちがいない : ~임에 틀림없다
    花子は行かないにちがいない。
      하나코는 가지 않을 것임에 틀림없다.
    この料理は美味しいにちがいない。
      이 요리는 맛있음에 틀림없다.

  3) かもしれない : ~일지도 모른다
    一郎は行けるかもしれない。
      이치로는 갈 수 있을지도 모른다.

<u>父</u>はもう<u>元気</u>かもしれない。

　　아버지는 벌써 건강해지셨을지도 모른다.

② **추정표현** : 상황을 근거로 하는 판단을 나타내는 말로 한국어로는 '~인 것 같다'로만 표현되는데, 일본어로는 네 가지로 표현이 가능하며 근거가 되는 상황의 종류와 화자의 확신도의 차이에 따라 각각 구별된다.

1) ようだ

활용방법	降るようだ おいしいようだ にぎやかなようだ 先生のようだ
정보의 종류	화자 자신이 본 것, 체험한 것
확신도	중간 수준
용법	화자의 판단

(일기예보를 보고) 明日は雨が<u>降るようだ</u>ね。

　　내일은 비가 올 것 같다.

今日もデモが<u>あるようだ</u>。　　오늘도 데모가 있는 것 같다.

(전화를 안받네) どうも<u>留守のようだ</u>。

　　아무래도 자리에 없는 것 같다.

<u>外</u>は<u>寒い</u>ようだ。　　밖은 추운 것 같다.

<u>新</u>しい<u>部屋</u>は<u>静か</u>なようだ。　　새 집은 조용한 것 같다.

2) (し)そうだ

활용방법	降りそうだ おいしそうだ 元気そうだ
정보의 종류	화자 자신이 본 것이라는 시각적 정보에 의존
확신도	높은 수준
용법	근미래에 일어날 것 같은 사태 보기에 정말 그러할 것 같은 사태

(먹구름을 보고) 今にも雨が降りそうだ。

   금방이라도 비가 올 것 같다.

(식어버린 커피를 보고) まずそうだな。　맛없겠다.

元気なさそうだね。　　　　　　　기운 없어 보이네.

3) らしい

활용방법	はやるらしい 美味しいらしい 留守らしい
정보의 종류	소문 등의 간접적 정보
확신도	낮은 수준
용법	(소문으로 들어서)상황을 판단할 때

(다른 사람에게 전해 들어서)

明日は雨が降るらしい。　　　　내일은 비가 오는 것 같다.

そこのケーキ屋も美味しいらしい。그 케이크 가게도 맛있는 것 같다.

その家は毎日ケンカらしいよ。　그 집은 매일 싸움이라는 것 같다.

林君は元気らしい。　　　　　　하야시는 잘 있는 것 같다.

4) みたいだ

활용방법	降るみたいだ おいしいみたいだ 元気みたいだ 留守みたいだ
정보의 종류	ようだ와 らしい에 근거
확신도	ようだ와 らしい에 근거
용법	회화체 표현

会議が始まるみたいです。　　회의가 시작되는 것 같다.

明日も寒いみたいですね。　　내일도 추운 것 같네요.

その店はにぎやかみたいだ。　　그 가게는 붐비는 것 같다.

今晩もケンカみたいだ。　　오늘 밤도 싸움인 것 같다.

1 확인요구의 だろう

だろう는 추측표현 이외에 다른 용법을 나타낼 수 있다.

① **확인요구 용법**

あなたは<u>中国の留学生でしょう</u>。　당신은 중국유학생이죠?
<u>明日ゼミだっただろう</u>。　내일 세미나였지?

② **자문 용법**

<u>どういうことなのだろうか</u>。　도대체 무슨 일일까?
<u>本当に間に合うんだろうか</u>。　정말 맞출 수 있을 것인가?

③ **감탄 용법**

<u>なんてきれいなんでしょう</u>。　얼마나 아름다운지.
<u>なんと速いのだろう</u>。　정말 빠르다.

2 추정표현의 차이점

유사 상황의 추정표현은 세분화되어 있는데, 각 표현을 비교하면 다음 표와 같다.

	추정의 근거	화자의 사태에 대한 확신도	의미용법
ようだ	자신이 본 것 체험한 것	중간 수준	화자의 판단 의견의 피력
そうだ	시각적으로 확인한 것	높은 수준	근미래 용법 시각적 판단
らしい	남에게 들은 것	낮은 수준	소문에 의한 상황 판단
みたいだ	ようだ/らしい와 유사	-	회화체

3 ようだ・らしい・そうだ의 기타 용법

ようだ・らしい・そうだ는 추정표현과는 다른 용법이 있다.

① ようだ

1) 비유, 예시를 나타낸다.

あの子はまるで<u>人形のようだ</u>。   그 아이는 마치 인형같다.

<u>ささやくような声</u>だ。   속삭이는 듯한 목소리다.

2) 방법을 제시한다.

<u>風邪を引かないように気</u>をつけなさい。

　감기에 걸리지 않도록 조심하세요.

<u>落とさないように</u>してください。

　떨어뜨리지 않도록 해 주세요.

② **らしい** : 전형을 제시한다.

<u>大学生らしい</u>行動　　　대학생다운 행동

<u>女性らしい</u>姿　　　　여성다운 모습

<u>林君らしく</u>ない　　　하야시답지 못하다.

③ **そうだ** : 전문(伝聞)을 나타낸다.

활용형 : 기본형 + そうだ

林君は国へ<u>帰るそうだ</u>。　　하야시는 고향으로 돌아간다고 한다.

母も<u>元気だそうだ</u>。　　　어머니도 잘 계신다고 한다.

ソウルはまだ<u>寒いそうだ</u>。　서울은 아직 춥다고 한다.

今日で授業も<u>終りだそうだ</u>。오늘로 수업도 끝이라고 한다.

❶ 다음 문장을 해석하고 화자의 확신도가 높은 순서대로 말
해 보세요.

1) あの二人は幸せらしい。

---

2) あの子、今にも、泣き出しそうだ。

---

3) あ、このパスタ美味しそうですね。

---

4) 父は早めに帰ってくるようです。

---

❷ 틀린 부분을 찾아내어 고치세요.

1) 試験はどうも落ちるそうだ。

---

2) あぶない！ あの子、転ぶそうだ。

---

3) それは日本人ぽい考えだ。

---

4) 空が明るくなってきた。雨はすぐ止むようだね。

----

❸ 다음 문장을 해석하고 ようだ의 용법이 다른 하나를 고르
세요.

1) 太郎はたばこがきらいなようだ

----

2) その映画も面白いようだ。

----

3) 一郎は真面目なようだ。

----

4) 花子は人形のようにかわいい。

----

❹ 일본어다운 문장으로 작문하세요.

1) 버스가 안 오는 걸 보니, 사고가 있었던 것 같다.

----

2) 야마다(山田)군은 요즘 바쁜 것 같다.

----

3) 감기에 걸리지 않도록 주의하세요.(気をつける)

----

4) (듣자하니)중부지방에는 비가 오는 모양이다.(中部地方)

현대 일본어 문법

경어표현

경어란 무엇인가?

경어(敬語)란 화자가 청자 또는 문에 등장하는 인물에 대하여 경의를 표시하기 위하여 사용하는 말이다. 한국어는 높여 표현해야 할 청자 혹은 등장인물에 대하여 무조건 경어를 사용하는 절대경어 체계인 반면, 일본어는 상대경어 체계를 갖는 말이다.

경어표현의 종류

경어는 상대방을 높이는 존경어(尊敬語)와 화자 자신을 낮추는 겸양어(謙讓語), 그리고 정중어(丁寧語)의 세 가지로 나뉜다. 존경어와 겸양어는 소재(素材)경어이고 정중어는 대자(対者)경어이다. 경어 표현의 유형에는 동사 그 자체가 경어동사인 경우와 동사의 파생형으로 나타내는 방법, 그리고 문형을 사용하여 나타내는 방법이 있다.

① **존경동사** : 동사 자체에 경의(敬意)를 함의하는 동사이다.

존경동사		일반동사
いらっしゃる	계시다, 오시다, 가시다	いる, 来る, 行く
おっしゃる	말씀하시다	言う, 話す
なさる	하시다	する
めしあがる	드시다	食べる

② **존경형** : 일반동사에 조동사「‐aれる/られる」가 접속되어 만든다.

일반동사	존경형
読む, 行く, 待つ	読まれる, 行かれる, 待たれる
起きる, 変える	起きられる, 変えられる
する, 来る	される, 来られる

③ **존경문형** : 일본어에는 존경의 뜻을 나타낼 수 있는 독특한 문형이 발달되어 있다.

1) お(ご) + 동사의 ます형 + になる

あそこで<u>お待ちになって</u>います。　　저 쪽에서 기다리고 계십니다.

一人で<u>お飲みになって</u>います。　　혼자서 드시고 계십니다.

新聞を<u>お読みになって</u>います。　　신문을 읽고 계십니다.

2) お(ご) + 동사의 ます형 + です

その方なら、あそこで<u>お待ちです</u>。

그 분이라면 저 쪽에서 기다리십니다.

先生はお出掛けですか。　　　　　선생님은 외출 중이십니까?

その先生もご出席です。　　　　　그 선생님도 출석하셨습니다.

3) お(ご) + 동사의 ます형 + くださる

: 한어동사의 경우「する」를 제외한 명사에「くださる」를 바
로 접속해서 사용하기도 한다.

ゆっくりお考えください。　　　　천천히 생각하십시오.

こちらのほうにお書きください。　이 쪽에 써 주십시오.

じっくりご検討ください。　　　　심사숙고해서 검토하십시오.

ご連絡くださるようお願いします。연락주시길 바랍니다.

2　겸양어

① **겸양동사** : 동사 자체에 겸양의 뜻을 함의하는 동사이다.

겸양동사		일반동사
さしあげる	드리다	あげる
申す, 申し上げる	말씀드리다	言う, 話す
いただく	받다, 먹다	もらう, たべる
拝見する	보다	見る
お目にかかる	뵙다	見る
お目にかける	보여드리다	見せる
うかがう, まいる	가다, 오다	行く, 来る
いたす	하다	する
存じる	알다	知る
おる	있다	いる

② **겸양문형** : 일본어에는 겸양의 뜻을 나타내는 문형이 발달되어 있다.

  1) お(ご) + 동사의 ます형 + する/いたす
     明後日までお届けします。   모레까지 보내드리겠습니다.
     おうちまでお送りいたします。   집까지 배웅해 드리겠습니다.

  2) お(ご) + 동사의 ます형 + いただく
     この点をお調べいただきたいんです。
       이 점을 조사해 주셨으면 하는 겁니다.
     2階にお泊まりいただきます。   2층에 묵으시면 됩니다.

3   정중표현

   정중표현은 청자에 대하여 정중함을 나타내는 말로 대자경어에 속하며 です형과 ます형이 해당된다.

    スイカは甘いです。   수박은 답니다.
    今日は水曜日じゃありません。 오늘은 수요일이 아닙니다.
    ソウルは暑いでしょう。   서울은 덥겠죠.
    今日も暑かったですね。   오늘도 더웠습니다.

    お昼は学食で食べます。   점심은 교내식당에서 먹습니다.
    甘いものは食べません。   단 것은 먹지 않습니다.
    食後にコーヒーを飲みました。 식후에 커피를 마셨습니다.

Step UP ■■■■

1 정중표현과 친소관계

일본 드라마나 영화를 보다 보면 며느리가 시어머니에게 또는 학생이 선생님에게 です・ます체를 쓰지 않는 장면을 종종 발견한다. 면전에서 윗사람에게 보통체를 사용하는 상황에 문화적 충격을 받을 수도 있을 것이다. 정중체의 사용 여부에 관해서는 일본어의 경우 한국어보다 인간 사이의 친소관계에 좀 더 의존하는 경향을 보인다고 할 수 있다. 즉 손윗사람이라도 인간적 친근감을 표현하기 위해서 보통체를 사용하는 경향이 강하다는 것이다. 그래서 다음과 같은 대화가 종종 들려온다 해도 이상한 것은 아니다.

嫁 : お母様、味噌汁に何を入れましょうか。

　　　어머님 된장국에 뭘 넣을까요?

姑 : 何、あらたまって! 普通にやりなさいよ。

　　　왜 이리 정중해? 평소대로 해라.

　　なんだ、昨日のこと、根に持ってるのね。

　　　뭐야, 어제 일 아직도 삐친거니?

　　分かった。あんたのやりたいようにすれば。

　　　알았다니까. 원하는 대로 하렴.

嫁 : あら、ほんと? お母さん、大好き。

　　　어머 정말? 어머니 너무 좋아.

姑 : まったく。大根とごぼうにしようか。

　　참 너도. 무하고 우엉으로 하자.

嫁 : おいしそう。

　　맛있겠다.

2　경어표현의 기술

경어는 상대방을 무조건 높이거나 화자 자신을 무조건 낮추는 것이 아니고 인간관계의 기본적인 룰 안에서 표현되어야 한다. 예를 들어 지나치게 자신을 내리게 되면 오만해 보일 수 있고, 지나치게 상대를 치켜세우는 것도 정도에 따라서는 문제가 될 수 있다. 또한 상대방을 위해서 하는 행위를 지나치게 강조하는 것도 경어표현의 상식에는 위배된다. 자신이 상대를 위해서 하는 행위를 강조하지 않는 표현이야 말로 상대를 배려하는 고도의 경어표현이라고 할 수 있는 것이다.

先生、その本、持ってさしあげましょうか。(×)

선생님 그 책 들어 드릴까요?

⇒ 先生、その本、(僕が)お持ちします。(○)

선생님 그 책 제가 들겠습니다.

실제로는 자기가 한 행위를 마치 저절로 이루어진 것처럼 자동사 문으로 표현하는 경우가 있다.

先生、コーヒー、<u>入れました</u>。(△)

　선생님 커피 탔습니다.

　⇒ 先生、コーヒー、<u>入りました</u>。(○)

　선생님 커피가 다 되었습니다.

책임 소재를 분명히 해야 하는 상황에서는 타동사표현도 무방하다.

部長、会議の資料を<u>そろえておきました</u>。(○)

　부장님, 회의 자료를 준비해 두었습니다.

　⇒ 部長、会議の資料が<u>そろいました</u>。(○)

　부장님, 회의 자료가 준비되었습니다.

❶ 동사를 존경형으로 바꾸어 경어표현을 만드세요.

1) 先生が高台に住んでいる。

   ----

2) 部長は、たばこを吸いますか?

   ----

3) 吉田さんは、お酒を飲みますか?

   ----

4) あなたは、文章を英語で書きますか?

   ----

❷ 겸양문형으로 바꾸세요.

1) 三日後に届ける。

   ----

2) 三人前、作る。

   ----

3) 明日まで用意する。

   ----

4) みんなに知らせる。

   ----

❸ 존경문형으로 바꾸세요.

1) この図書館を利用してください。

----

2) 吉岡さんが散歩している。

----

3) 吉村さんがこの雑誌を愛読している。

----

4) お客さん、となりの部屋で待ってください。

----

❹ 일본어다운 문장으로 작문하세요.

1) 요시무라씨 핸드폰 번호를 알고 있습니까?

----

2) 할머니, 그 가방 들어 드릴까요?

----

3) 밥이 다 되었네요. 어서 드시지요.

----

4) 멀리까지 와 주셔서 감사드립니다.

현대 일본어 문법

찾아보기

현대 일본어 문법

현대 일본어 문법

해답표

현대 일본어 문법

2장 명사

❶ 1) 명사는 <u>문의 종류에 따라</u> 문 안에서의 역할이 변한다.

　　　 → 명사는 명사 뒤에 붙는 조사나 조동사에 따라 역할이 정해진다.

　 2) 전성명사는 품사 분류 상 <u>명사가 아니다</u>.

　　　 → 명사의 한 종류로 인정된다.

　 3) 한자어로 된 명사는 <u>형태의 변화 없이</u> 동사로 쓰이기도 한다.

　　　 → 「する」가 접속하여 동사로 쓰인다.

　 4) 동사는 명사로 파생할 수 있으나 <u>형용사는 명사가 안 된다</u>.

　　　 → 형용사도 명사형으로 만들 수 있다.

❷ 1) 명사　　　 2) 동사　　　 3) 명사　　　 4) 명사

❸ 1) 友だちは日本に<u>行く</u>です。 → 行きます

　 2) 日本に<u>行くだから</u>、プレゼントを買ってくるよ。 → 行くから

　 3) <u>日本語先生</u>はきびしいです。 → 日本語の先生

　 4) <u>先生へ</u>手紙がもどってきた。 → 先生への

❹ 1) 一冊　　 2) 一本　　 3) 二枚

　 4) 二人　　 5) 一羽　　 6) 三匹

3장 형용사

❶ 1) 형용사는 활용하는 말로 <u>형태적으로 같은 활용을 한다</u>.

　　　 → い형용사와 な형용사는 활용의 형태가 다르다.

　 2) 형용사는 문 안에서 <u>술어의 역할만 갖는다</u>.

→ 연체수식어로 명사를 수식한다.

3) <u>모든 な형용사</u>는 사전형으로 명사가 될 수 있다.

→ 일부 한자기원의 な형용사는 사전형으로 명사가 된다.

4) 형용사가 여러 개 연속될 때 그 <u>순서가 자유롭다</u>.

→ 수량관련 형용사 - 주관적 평가 형용사 - 속성형용사의 순서

❷ 1) 私はさびしかったとき、友だちに電話した。

2) 私はさびしくなかったときも、友だちに電話しました。

3) 私はさびしいときに、友だちに電話しただろう。

4) さびしかったら、友だちに電話しましょう。

❸ 1) 高くて美味しいオレンジ → 高いが美味しいオレンジ

2) 交通が便利で高いマンション → 交通が便利だが、高いマンション

3) 多いやさしい人々 → 多くのやさしい人々

4) 赤い好きな服 → 好きな赤い服

❹ 1) 吉川さんは明るくてやさしい背の高いお嬢さんです。

2) この町は若者が減って、さびしくなった。

3) 多くの優秀な人材が海外へ出ていく。

4) 仕事は楽しむことが大事だ。

4장 부사

❶ 1) 부사는 「ずっと前のことだ」와 같이 명사에 직접 연결되므로 <u>연체수식어다</u>.

→ 「위치, 방향, 거리, 시간, 수량」을 나타내는 명사 앞에는 바로 붙을 수 있다.

2) 부사적 용법은 <u>な형용사에서만 만들어 진다</u>.

　　→ 명사의 부사적 용법, 동사의 부사적 용법도 있다.

3) <u>평가부사</u>는 문말표현과 호응관계를 보인다.

　　→ 진술부사

4) 부사가 <u>다른 부사를 수식할 수 없다</u>.

　　→ 부사가 부사를 수식하기도 한다. (もっとゆっくり)

❷ 1) 양태부사 : いきなり、ゆっくり、ひらひら、ぶらぶら、

2) 정도부사 : 少し、ずいぶん、かなり、もっと、だいたい、すっかり、

3) 시간부사 : もう、まもなく、ちょうど、まだ、

4) 진술부사 : ひょっとして、まるで、きっと、たとえば、たぶん、

5) 평가부사 : わざわざ、さいわい、

❸ 1) この道は<u>ゆっくり</u>スピードで走ったほうがいい。

　　→ ゆっくりした

2) さるは<u>いきなりと</u>木にのぼり始めた。

　　→ いきなり

3) <u>はっきりもっと</u>見えるまで待ってみましょう。

　　→ もっとはっきり

4) 弟は<u>必ず</u>帰ってくる<u>かも知れません</u>。

　　→ 帰ってくるに違いありません。
　　　　帰ってくるに違いないです。

❹ 1) もっと便利な場所に決めましょう。

2) その子はすこし(ちっとも)も泣かなかった。

3) あいにく週末は雨が降るそうだ。

4) 母が入院したとの知らせを聞いて、飛んで帰った。

5장　지시사

❶ -

❷ -

❸ 1) <u>そちら</u>は私の同級生のキムです。

　　　→ こちら

2) <u>細いあの方</u>はどなたですか。

　　　→ あの細い方

3) 中野さんをご存じですか。いいえ、<u>あの人</u>は有名なんですか？

　　　→ その人

4) (いっしょに買い物中に) ねえ、<u>そこ</u>のレストランで何か食べよう。

　　　→ あそこ

❹ 1) あんな店は二度と行かない。

2) こんなに早く終わるとは思いませんでした。

3) こんな事件が起り続けるのは問題だ。

4) あのブラックのスーツが一番似合いそうですよ。

6장　조사

❶ -

❷ 1) <u>ソウルが</u>面積が広いです。

　　　→ ソウルは

2) <u>太郎をは</u>呼びません。

    → 太郎は

3) <u>風邪に</u>病院に行ってきました。

    → 風邪で

4) 風邪です。<u>なのに</u>休みました。

    → だから

❸ 1) 달리는 차창 밖으로 손을 내밀지 마세요.

2) 도서관을 나와서 역으로 향했습니다.

3) 태풍으로 쓰러진 나무 때문에 혼잡합니다.

4) 아무리 어른이라도 울고 싶을 때 정도는 있어요.

❹ 1) 象は鼻が長い。

2) 子犬は僕が部屋を出て、玄関をでるまで吠える。

3) 私はまだ大学生だ。しかし、立派な大人であることには違いない。

4) 遅すぎると(あまり遅く来ると)、試験を(が)受けられません。

7장　동사의 활용

❶ 1) 今週は事故が<u>起きら</u>なかった。

    → 起きなかった

2) 川で<u>遊びたり</u>、<u>山へ登り</u>たりしました。

    → 遊んだり、山に登ったり

3) 三時まで<u>終われれ</u>ば、参加します。

    → 終われば

4) 友だちは、テストに<u>落ちって</u>、ぜんぜん<u>笑あない</u>。

    → 落ちて、笑わない

❷ 1) 拾って　終わって　帰って

2) 飲んで　遊んで　並んで

3) 片付けて　訪ねて　話して

4) 泣いて　引いて　行って

❸ 1) nom-u　kas-u　mat-u　sawag-u

2) sasow-u　waraw-u　iw-u　ow-u

3) ori-ru　mi-ru　kanggae-ru　ne-ru

4) k-u-ru　ais-u-ru　ais-u

❹ 1) 宿題が終わらなくて、眠れなかった。

2) 仕事が片付いたら、早く帰りなさい。

3) 出かけようとしているとき、お客さんが訪ねてきた。

4) 誰も道ばたのごみを拾わない。

8장　동사의 분류

❶ 1) 천천히 마셔라.

2) <u>꼭 시험에 붙어라</u> (붙었으면 좋겠다).

3) 천천히 들어가라 (들어와라).

4) 부지런히 일해라.

❷ 1) <u>ドアを開いて</u>入ったら、すでにみんな来ていた。

　　　→　ドアを開けて

2) これは、友だちから<u>貸した</u>本なんです。

　　　→　借りた

3) 弟が妹におもちゃを奪った。

  → 弟が妹からおもちゃを奪った。

4) 花子がりんごを二つに<u>割れて</u>、分けてくれた。

  → 割って

❸ 1) 残す　　直す　　起こす

2) 増える　出る　　流れる

3) する　　殺す　　教わる

4) 置かれる(수동형으로 대용)　　腐らせる(사역형으로 대용)

終わる(양용동사)

❹ 1) そのことからは早く手を引いた方がいい。

2) 必ず立派な大人になれ。

3) もうドアを壊して入るしかない。

4) 空を見たら、明日は雨になりましょう。

9장　조건표현

❶ 1) 後輩が<u>くれば</u>、仕事を手伝ってください。

  → 来たら

2) これを<u>飲めば</u>、おなかを壊します。

  → 飲んだら

3) 冬に<u>なると</u>、スキーに行きたい。

  → なったら

4) <u>五分経てば</u>、水を入れた方がいい。

  → 経ったら

❷ 1) 経ったら

2) 行ったら

3) さわったら

4) したら

❸ 1) あの頃は学校へ<u>行くと</u>、図書館に寄ったものだ。

2) このボタンを<u>押せば</u>、ドアが開く。

3) 父は帰りが<u>遅くなったら</u>、必ず怒る。

4) 早めに<u>帰ると</u>、ドアが閉まっていた。

❹ 1) もし切符がなかったら、どうしましょうか。

2) 値段が安いと、良く売れる。

3) 寿司がきらいなら、うどんにしましょう。

4) 大阪に行ければ、神戸にも行ってみよう。

10장　텐스・아스펙트

❶ 1) 공원에서 책을 읽고 있다. <동작진행>

2) 잔디에 나뭇잎이 떨어져 있다. <결과지속>

3) 매일 아침 뉴스를 보고 있다. <반복>

4) 재료는 아직 사지 않았다. <현재완료>

❷ 1) 太郎は、毎朝、サッカーをしている。<동작진행→반복>

2) 弟は、<u>一年前に</u>、ニューヨークへ行っている。<결과지속→경험>

3) <u>世界中で</u>、人が死んでいる。<결과지속→반복>

4) <u>昨日も</u>、大きな声で歌っている。<동작진행→현재완료>

❸ 1) 体がだんだん弱くなっていく。

2) 路面電車が動きだした。

3) 食べやすいように、砕いておいた。

4) わざとテーブルに置いておいた。

❹ 1) ディベートの課題であるその本をまだ読んでいない。

2) あの小説なら、もう読んでいる。

3) 丘に止めてあったトラックが滑り出した。

丘に止まっていたトラックが滑り出した。

4) チケットは私が買ってある。

チケットは私が買っておいた。

11장 보이스(1) – 수동문

❶ 1) 吉田君は先生に(から)ほめられた。

2) 彼女は中田さんからプレゼントを送られた。

3) 私は知らない人に足を踏まれた。

4) この小説は村上春樹によって書かれた。

❷ 1) 近所の人が来る。

2) 風が吹く。

3) 奥さんが死ぬ。

4) 雨が降る。

❸ 1) (나는) 개에게 다리를 물렸다.

2) (나는) 어젯밤 애기가 울어서 한숨도 못 잤다.

<간접수동>이고 나머지는 소유자수동이다.

3) (나는) 소매치기에게 지갑을 도둑맞았다.

4) (나는) 친구에게 머리를 맞았다.

❹ 1) 朝ご飯を抜いて、母(に)から叱られた。

2) 金閣寺は1397年に建てられた。

3) 同時に三人の人に休まれた。

4) 夕べ突然友だちに来られて、勉強できなかった。

12장　보이스 (2) - 사역문·사역수동문

❶ 1) 私が考える。

2) 生徒たちが二階へ上がる。

3) 私が払う。

4) 人が悲しむ。

❷ 1) 先生が生徒たちに本を読ませた。

2) お母さんが娘を遊ばせておいた。

3) お母さんが赤ちゃんにミルクを飲ませた(飲ました)。

4) お父さんが太郎を留学に行かせてくれた。

❸ 1) 딸을 미국에 유학보내다.

2) 잠시 생각하게 해 주세요.

3) 원하는 만큼 춤추게 내버려두면 된다.

4) 아이 얼굴을 씻어주고, 잠옷을 입혔다.

　　비전형적 사역의 <직접사역>이고, 나머지는 전형적 사역의 여러 유형

❹ 1) そのことなら、部下にただちに(すぐ)調べさせます。

2) お母さんが子供に三時におやつを食べさせた。

3) 太郎は上司にその仕事をやらされた(やらせられた)。

4) コーチが疲れている選手をもっと走らせた。

13장　보이스 (3) – 가능문・자발문

❶ 1) 太郎は作曲をすることができる。

太郎には作曲ができる。

2) 花子にはスペイン語が読める。

花子はスペイン語を読むことができる。

3) みなこは運転することができる。

みなこには運転ができる。

4) さとしは山に登れる。

さとしは山に登りうる。

さとしは山に登ることができる。

❷ 1) 子供の時のことが思い出される。

2) ふるさとの母のことが案じられる。

3) この芝居は泣ける。

4) 新製品の発売が待たれる。

❸ 1) さとしは、難しい問題でも、なんなく<u>解ける</u>。

→ 解くことができる

2) ゆりこは、<u>パソコンが使い得る</u>。

→ パソコンを使うことができる

3) さなえは、<u>三時間練習ができる</u>。

→ 練習することができる

4) けんはアメリカの<u>友だちのこと</u>を案じられる。

　　→ 友だちのことが案じられる

❹ 1) ジニは寿司が食べられない。

ジニは寿司を食べることができない。

2) シンスは新年には新しい店がオープンできる。

3) なぜか友だちは病気ではないかと思われる。

4) できる限りのあらゆる方法で手伝おう(助けよう)。

14장　보이스 (4) – 수수표현

❶ 1) お店の人に道を教えてもらった。

2) 子供は母に絵本を読んでもらった。

3) 父がおこづかいをくださった。

4) 妹は先生に(から)ほめてもらった。

❷ 1) 私は友だちに就職先を調べさせた。

2) 私は弟に肩を叩かれた。

私は弟に肩を叩かせた。

3) 私は兄に宿題をさせた。

私は兄に宿題をされた。　(스스로 하려고 했는데 형이 해서 기분나빴다)

4) 答えを五分以内に話してください。

❸ 1) <さとし>

2) 중립적이나 주어인 <太郎>에 시점

3) 중립적이나 주어인 <東京君>에 시점

4) <母>

❹　1) 先生が英作文をほめてくださった。

　　　先生に英作文をほめていただいた。

　　2) 友だちに試合に勝っていただいた賞品を送ってもらった。

　　3) 一日も早く元気になってくれることを祈っています。

　　4) 今度は私に話させていただきます。

15장　모달리티 – 문말표현

❶　1) 그 두 사람은 행복한 것 같다.

　　2) 저 아이 금방이라도 울음이 터질 것 같다.

　　3) 아 이 파스타 맛있겠다.

　　4) 아버지는 일찍 돌아오는 것 같습니다.

　　2) → 3) → 4) → 1) 의 순서

❷　1) 試験はどうも落ちるそうだ。

　　　→ 落ちそうだ

　　2) あぶない! あの子、転ぶそうだ。

　　　→ 転びそうだ

　　3) それは日本人ぽい考えだ。

　　　→ 日本人らしい

　　4) 空が明るくなってきた。雨はすぐ止むようだね。

　　　→ 止みそうだ

❸　1) 타로는 담배를 싫어하는 것 같다.

　　2) 그 영화는 재미있는 것 같다.

3) 이치로는 성실한 것 같다.

<u>4) 하나코는 인형처럼 귀엽다.</u>

<비유용법>이고 나머지는 추정표현이다.

❹ 1) バスが来ないのを見ると、事故があったようだ。

2) 山田君は最近忙しいようだ。

3) 風を引かないように気をつけてください。

4) 中部地方は雨らしい。

16장   경어표현

❶ 1) 先生は高台に住まわれている。

2) 部長は、たばこを吸われますか?

3) 吉田さんは、お酒を飲まれますか?

4) あなたは、文章を英語で書かれますか?

❷ 1) 三日後にお届けします。

2) 三人前お作りします。

3) 明日までご用意します。

明日までご用意させていただきます。

4) みんなにお知らせします。

みんなにお知らせいたします。

❸ 1) この図書館をご利用になってください。

2) 吉岡さんが散歩されている。

3) 吉村さんがこの雑誌をご愛読になっている。

4) お客さん、となりの部屋でお待ちになってください。

　　　お客さん、となりの部屋でお待ちください。

❹　1) 吉村さんの携帯の番号をご存じですか。

　　2) お祖母さん、そのカバン、お持ちしましょうか。

　　3) ご飯が出来ました。どうぞ、召し上がってください。

　　4) 遠くまで来ていただいて、感謝します。

　　　　遠くまで来てくださって、ありがとうございました。

현대 일본어 문법

숭실대학교 동아시아 언어문화연구소 어학총서 1

현대 일본어 문법 개정판

개정 초판3쇄 발행   2025년 2월 25일

저 자 권승림
발 행 인 윤석현
발 행 처 제이앤씨
등록번호 제7-220호
책임편집 이신

우편주소 서울시 도봉구 우이천로 353 성주빌딩 3층
대표전화 02) 992-3253 (대)
전 송 02) 991-1285
홈페이지 www.jncbms.co.kr
전자우편 jncbook@hanmail.net

ⓒ 권승림 2025 All rights reserved. Printed in KOREA

ISBN 978-89-5668-921-0   93730   **정가** 11,000원

* 저자 및 출판사의 허락 없이 이 책의 일부 또는 전부를 무단복제·전재·발췌할 수 없습니다.
* 잘못된 책은 교환해 드립니다.